启真馆 出品

日本·禅

日本式灵性

〔日〕铃木大拙 著

姜建强 译

ZHEJIANG UNIVERSITY PRESS

浙江大学出版社

· 杭州 ·

图书在版编目（CIP）数据

日本式灵性 / （日）铃木大拙著；姜建强译.
杭州：浙江大学出版社，2024. 11. -- ISBN 978-7-308-
25502-8

Ⅰ. B946. 5

中国国家版本馆CIP数据核字第2024B056A4号

日本式灵性

[日]铃木大拙 著　姜建强 译

责任编辑	周红聪
文字编辑	程江红
责任校对	黄梦瑶
装帧设计	蔡立国
出版发行	浙江大学出版社
	（杭州市天目山路148号　邮政编码310007）
	（网址：http:// www.zjupress.com）
排　　版	北京楠竹文化发展有限公司
印　　刷	北京天宇万达印刷有限公司
开　　本	787mm×1092mm　1/32
印　　张	7
字　　数	100千
版 印 次	2024年11月第1版　2024年11月第1次印刷
书　　号	ISBN 978-7-308-25502-8
定　　价	59.00元

《日本式灵性》中译本译者序

1

1870年（明治三年）10月18日，铃木大拙出生在石川县金泽市。

学汉方医学的父亲给四个男孩起名。从《易经》里挑出元、亨、利、贞四字，冠在太郎的前面。排行最小的铃木大拙是贞太郎。大拙是他在24岁的时候，当时镰仓圆觉寺的管长（职位名，指某一宗教团体的最高指导者）释宗演（1860年—1919年）授予的居士号。大拙的青春期是在近代日本所孕育的巨大矛盾中度过的。在他6岁的时候，父亲（54岁）去世，导致大拙在第四高中（现在的金泽大学）没有毕业就退学了。这样从最终学历看，大拙是初中毕业，不过在第四高中的同级生中，遇见了终生为友的哲学家西田几多郎（1870年—1945年）。两人都在日本近代化的大潮下，找到了自己生存的场所，没有被时代淘汰是他们的幸运，当然更是那个时代的幸运。明治时代结束的时候，他们都是过40岁的中年人了。

从第四高中退学后，大拙做过小学的英语教师。20岁那年，母亲去世。作为一个转换人生的契机，大拙来到东京，进入早稻田大学的前身东京专门学校读书，听坪内逍遥的英国文学课。后来又到东京帝国大学听哲学课。但都在途中退学了。没有大学学历的大拙在27岁那年（1897年）去美国，一边做出版社的编辑工作，一边给宗教哲学家保罗·迦耳斯（1852年—1919年）做助手。大拙的国际视野和无与伦比的英语能力就是在那个时候养成的。12年后回国，他做起了学习院（现在的学习院大学）的讲师和教授。之后（1921年）又就任真宗大谷大学（现在的大谷大学）教授。叫唤了大半辈子"日本式"的大拙，最终与美国人结婚，表明东西方在他的眼里并不都是对峙与相克，也有整合与相融的一面。

2

1870 年出生的大拙，与西田几多郎同年。同时代的前辈还有 1861 年出生的内村鉴三，1863 年出生的冈仓天心，1863 年出生的清泽满之及 1867 年出生的夏目漱石。他们都在不同的方面付出了自己的努力，大拙理论与实践的彻底性与直接性未负于这个时代，其近一个世纪的生涯与近代日本动荡的历史高度重叠。

铃木大拙与西田几多郎互相影响，互为力量。他们重视禅性体验，引出新的日本人论。西田用"纯粹经验"的哲学说明主客未分，即日本人的世界经验与其他民族相比，是无媒介的、直接的、非二元的。大拙则主张日本禅体现的不只是佛教的本质，更是日本人精神的本质。日本人的精神性特质正是这种禅的直接性与非二元经验性。知性视野开阔的大拙看出了禅的精神不仅来自日本人的灵魂，也来自人类的灵魂深处。不过大拙还是认定日本人拥有最洗练的真正灵性能力。这并不是说日本人在进化论方面拥有某种优势，而是点出了日本人的特性所在。

3

大拙的灵性论，未必就是现代英语"Spirituality"的同义语。然而，恰恰是包含这一点在内的灵性现在需要在全球化背景下被重新审视。或许，正是在"心灵富饶"开始受到真正质疑的时代，才有必要再一次深入探讨和自觉认识现代意义上的灵性吧。人吃饭是为了活着，但活着不是为了吃饭。活着要追求灵性的东西。灵性的东西是精神力量在起作用。思辨自己和世界的联结，这叫哲学。感受自己和世界的联结，这叫灵性。

在我们走过的道路上，一定有什么重要的东西被遗忘了。当我们思考这些问题的时候，大拙留给我们的伟大遗产就会像永不枯竭的泉水一样涌现出来。大拙的学术定位是向西方推广"东方禅"，并重新思考精神为何物、灵性为何物。他庞大的作品群，无不显现出对无限的憧憬和对无处不对立的二元构造的忧虑。希求无限的人，是无限的宗教者。忧虑二元构造的人，是忧虑的哲学者。大拙的生涯和思想，无不集中在这两点上。

4

铃木大拙，这位活了 96 岁的世界级思想家，他最大的一个学术贡献就是向西方人传达了这样一个信息：禅的根扎在中国，禅的花开在日本。禅花盛开的同时，唤醒了日本人的灵性直觉。西方人知禅是因为铃木大拙。英语世界里通用"Zen"而不是"Chan"，就与他不懈推广日本禅有关。铃木大拙的书有全集 40 卷，但是最精彩、最有价值的部分还是对禅和灵性的论述。关于铃木大拙论禅，近 10 多年来国内出版界已有不少翻译文本。而关于灵性的论述，最为经典、最为畅销的就是《日本式灵性》这本书。如笔者手头上一本岩波

文库版，1972 年 10 月第 1 次印刷，到 2015 年 2 月已经是第
53 次印刷。

《日本式灵性》这本书，迄今为止的简体中文版和繁体
中文版都没有被翻译出版过。笔者在多少年前就阅读过这本
书，感觉这是大拙最为知性也最为洒然的一本书。书中所展
开的那种"绝对"中含三千大千世界、永远之过去和永远之
未来的洞察，并非我们根据日常经验就能理解的，必须依赖
灵性的直觉。而所谓的灵性直觉，即心灵本能的直觉。作为
灵性直觉的经验者，大拙的思想基础之深广由此可见。由体
验产生思想，再由思想加深体验，这是大拙的思考路径，当
然也是这本书的思考路径。

5

在《日本式灵性》的长篇序言中，大拙在解释为何使用
"灵性"而不用当时（1944 年）流行的"精神"一词时，吐
露了以下的心声：精神是心与物分离的一个结果，因而具有

对峙的二元性。灵性不分心与物，对峙的二元性也就无从谈起。对峙的世界就没有合一的可能吗？这样看，大拙灵性观首先是作为超越二元思维方式的概念提出的。如果说精神是以分别意识为基础的，那么灵性就是以无分别智为基础的。所以大拙认定唯有灵性才能超越心物对峙。

在何谓灵性的设问上，大拙再三强调的是，在精神或心灵中所包含不尽的东西，就是灵性。或者干脆说，两者是一非二，且虽为一，但同时也是二，这就是灵性。这样看，所谓的灵性，在大拙的笔下是指精神和肉体之间魂魄般的幽明境界。这种相即相入的观念可以理解为日本人的感觉。换言之，在精神和物质世界的背后，必须再打开一个世界，前者和后者互为矛盾，但又必须相互映照。这种可能性可以通过灵性直觉或灵性直觉来实现。当然，这里有理解上的难度。日本式灵性是什么？更多的时候只能模糊地去思考。虽然知道它不是明快之物，但这般模糊，还是超出了想象。不过，也是可以理解的，因为这是在物质和精神传统二元对立背后沉潜于底部的一种东西，是心智最内在、最神秘的工作场所。因此，大拙这点思考还是对的，灵性是普遍存在的，每个民族都有自己的灵性。而之所以强调"日本式"，则在于灵性在镰仓时代表现出自己的独特样式：作为知性的一面是禅，作为情性的一面是净土思想。虽然平安时代已经开始盛行佛教研究，但这些研究都没有扎根于大地，因此也就无法导致灵性的显现。大拙用灵性一词来描述日本人的宗教感和瞬间感，这就为理解日本人的行为模式提出了范型。

6

灵性是从大地生活中直观获得的，而不是通过理论建构获得的。大拙解释说，镰仓时代与大地一起生活的乡野之人（理解为农民亦可）和以生命交换为业的武士，培育了这样的国民性。大地性、超个者、时间的圆环性——大拙用这些词语来说明日本式灵性，让人想起尼采的思想。灵性的直觉是一个无分别智的世界，因此很难从逻辑上说明什么。但与近代以后的西方哲学相比，感觉可以解读大拙的日本式灵性。净土宗思想不是单纯地考虑如何去天堂，念佛才是其思想的精髓。换言之，万事从最有感觉、最为简单的地方着手，就不再难做。日本式灵性说出了日本人喜欢做小事、做简单事的缘由。

原本出于同一佛教的禅与净土思想，两者互相排斥，也互为立场来断定对方。在禅看来，净土思想只寻求自身以外的"阿弥陀"，不具有主体性自觉；在净土思想看来，禅只依赖个人力量，终究不能成佛。大拙的天才之处在于在禅与净土的对立中发现了日本式灵性，阐明了两者在灵性中同为根源——大智与大悲。前者代表禅宗，后者代表净土。此外，更为重要的是，作为实践佛教双璧的禅与净土，因灵性而获得了学理上的统一。

7

大拙在宗教意识的意义上使用灵性一词。这是因为大拙将灵性与感性和知性并列使用。如果说感性是关于感觉的意识，知性是关于知的认识的意识，那么灵性则是关于宗教对象的意识。大拙还认为，不同的民族和宗教有不同的灵性形式。他将日本人的独特灵性称为"日本式灵性"，并讨论了它的产生和本质。在书中，大拙认为，日本式灵性的萌芽是在镰仓时代出现的。在此之前，日本人并没有深刻的宗教意识。虽然也有佛教和神道的存在，但佛教的影响仅限于上层社会，与普通民众的关系不大。而古代的神道并非宗教，只是原始习俗的一个固化物而已，其中并不涉及灵性。

一个民族要唤醒灵性，就必须达到一定的文化阶段。就日本人而言，只有到了镰仓时代，才达到了这样一个文化阶段，并在全民范围内唤醒了灵性。持镰仓时代日本式灵性觉醒说的大拙，认为禅宗和净土思想是日本式灵性最纯粹的表现形式。虽然这两者都是从中国传入的佛教思想，但镰仓时代的日本人并没有把这些当作外来思想来接受。他们将这些思想内在化，使之符合自己独特的宗教意识。这就意味着，与其说是外来思想提升了日本人的宗教意识，不如说日本人原本潜藏的宗教意识在这些外来思想的催化下绽放了光彩。

8

大拙将大乘佛教的根本原理称为"即非逻辑"。在《金刚经》中有"佛说般若波罗蜜，即非般若波罗蜜，是名般若波罗蜜"，该逻辑的基本结构是"A之所以是A，是因为A即非A，故A是A"。

只有当被肯定的概念被否定，而且只有当被否定之后又回到肯定时，与概念相对应的真实才能被把握。换言之，当所有的区别（分类），即主体和客体对立被一扫而空时，就会出现真实的情况。这就是即非逻辑的意义所在。在佛教中，把没有主客区别的、"直观"保持原样的智慧称为般若智慧。因此，即非逻辑也被称为般若逻辑。如果知道死不是死，就没有必要害怕死了。所以死的恐怖不再成为主观情意的对象。

这里，重要的是大拙点出了关键所在：这种即非逻辑并不是通过论证思维来认识的，而只有在灵性直觉的体验中才能得到。人是同属于经验世界和超验世界即灵性世界的存在。这个"人"是一个"超个者"，同时又是一个"个者"。换言之，临济是临济，同时又不是临济。生活在即非逻辑中的人，照大拙的说法，"临济恰好与此相逢了"。一言以蔽之，即我们之自我，归根结底，只有在自我之根源上超越自我才能拥有自我。

这就是大拙用即非逻辑点出的灵性直觉的意义所在。不是用自同律、矛盾律来排除其他，与其他对立，而是 A 如何与非 A 和谐共存。这种关系不是 A 敌视非 A，而是 A 是非A，非 A 是 A 的存在的根源性关系，铃木大拙深刻地注意到这种关系很重要。换句话说，与你不相容的人或许就是拥有最多你所没有的东西的人，所以如果你以开放的心态接受之并心存感激，那么最敌对的人也会变成你的盟友。大拙的认识是，只有转向这种新的范式和新的思考模式，我们才能够突破和超越过去徒劳而无用的冲突。

9

知情意三分，这是人的心灵的功能。但大拙又将情分为感性和情性。感性是感觉水冷、火热的功能，情性是感觉水清爽、花美丽的功能。使知情意发挥作用的东西叫"心源"，即心的本体，非灵性莫属。主客一体就是灵性的自觉，而这种灵性的自觉只有通过分别的否定才能实现。

在佛教用语中，灵性的自觉就是成佛、见性、开悟、涅槃、净土往生、信心坚定等，这些都属异语同义。灵性是人类的终极实在，固灵性具有普遍性，但每个民族都有其特殊的感受方式和接受方式，也就有不同的心灵活动和表达方式。这种民族性因历史、文化和地理环境的不同而不同。因循着日本民族特性而觉醒的灵性被称为"日本式灵性"。水会随着盛水的容器而改变形态，但它仍然是水。从这个意义上说，日本式的也是世界性的。大拙将净土思想的至高无上归功于亲鸾的一句话，即"若仔细思量弥陀的五劫思惟之愿，这都是为了亲鸾一个人"[1]。《叹异抄》中所表现出的"一个人"思想，被大拙敏锐地察觉到，当有限的人类自觉到自己存在的基础是无限的时候，宗教就建立起来了。个者超越有限的

---

[1] 铃木大拙语，见本书第 116 页。

自己，与无限的超个者相应的直观，就是灵性的自觉。

10

二战后，在 80 岁后的 10 年时间里，大拙有大半的时间都是在欧美大学的授课和演讲中度过的。日本金泽文化振兴财团铃木大拙馆研究员猪谷聪在《将禅 /ZEN 传向世界的佛教哲学家》这篇文章中说：

在美国哥伦比亚大学听大拙讲座的听众中，有《4分 33 秒》的作曲家约翰·凯奇（1912 年—1992 年）和《麦田里的守望者》的作者 J. D. 塞林格（1919 年—2010 年）的身影。塞林格的《弗兰妮与卓埃》（村上春树译）中能看到"铃木博士（铃木大拙）"的文字。此外，与杰克·凯鲁亚克（1922 年—1969 年）等"垮掉的一代"作家的交流，让大拙的影响力切实地在更多圈层中扩散。"我认为自己是身为日本人的世界人。"大拙如

是 说。(参 见 nippon.com/cn/japan-topics/b07214,2021 年
1 月 4 日。)

　　确实，日本人缺乏文明的独创性，但他们的纯化能力
和精致能力非常强。从思想史的边界来看，在发源地已不
复存在的思想，却在日本开花结果的例子很多。我们生
活在一个被固定的、分别智的世界里。因为是分别智的
世界，所以即便显尽浮华，也会觉得人生浅薄空虚。为
了不陷入虚无，就必须有无分别智的世界，即灵性的自
觉。日本式灵性最重要的就是净土思想和禅。用"南无阿
弥陀佛"和"无妄想"的视点看世界，分别智仅仅是小
聪明、小智慧，而无分别智的、"在无周边的圆环中，占
据着无中心的中心"[1]的直觉，显现的则是大聪明和大
智慧。

　　大拙在 1963 年获得诺贝尔和平奖提名。东方和西方，在

---

[1] 铃木大拙语，见本书第 161 页。

大拙看来，并非对立的谁强于谁的关系，而是我中有你，你中有我的关系。二元对立之前的那个本源是什么，是否就是东方的"一"，大拙的思考是从这里出发的。虽然大拙在灵性的前面冠上"日本式"，但这并不表明灵性只有日本式，它还有中国式、印度式。只是日本式灵性自有它发生的机缘和起作用的机制。这样说来，与其说大拙是一个民族主义者，还不如说他在本质上是一个东方主义者。他言说日本式，并没有脱离东方的语境。他再三主张禅与净土思想是日本式灵性的两个基本点，而这两个基本点的来源地，恰恰是印度和中国。大拙在书中，对奈良时代的《万叶集》和平安时代的《源氏物语》评价不高，他甚至对日本固有的神道评价也不高。这表明大拙自有自己的尺度：日本土生土长的东西越多，灵性之光就越难以焕发。因为很显然，"日本式"本身并不能先验地导出日本式灵性，如果没有东方佛教的输入在先，那么日本式灵性是无法在镰仓时代被唤醒的。

　　东方性与日本性在某种因缘下的投合与同一，使得大拙的日本式灵性论有了空前的包容性、开放性和创造性。他在

1961 年 91 岁的时候写文章说，因某种因缘，他有了特别想强调和弘扬东方的想法。他说这是他的主张。可以说，他的一生都在宣扬、实践这个主张。

11

吹响日本俳句界号角的芭蕉，有一天与佛顶和尚对话：

和尚问：最近如何度日？

芭蕉答道：雨过青苔湿。

和尚又问：青苔未生之时佛法如何？

芭蕉答道：青蛙跳水的声音。

看上去有点答非所问，很难找寻到共通的逻辑点。但在大拙看来，这恰恰是灵性直观精髓的最好体现。佛顶和尚想知道没有时间的时间是何时，想知道万物创造以前的宇宙风暴为何景，这显然是"空"的概念。而芭蕉的回答则表现出了与世界精神的接轨：青蛙跳水池，才是宇宙创生的第一声，才是时间律动的第一动。这显然是"色"的范畴。这里亮出的精神图式是：空就是色，色就是空。

12

最后，这本译著的出版，首先要感谢浙江大学出版社启真馆王志毅总经理，他仍然对多年前的出版计划抱有兴趣与信心，足见其对世界级思想大师的尊崇与不轻言放弃的信念。其次要感谢启真馆周红聪责编和程江红文编，没有她们不厌其烦的努力，这本译著也是无法出版的。再次要感谢最初企划出版铃木大拙系列著作的刘柠先生。他慧眼识珠，认定大拙是一座挖之不竭的"知"的宝藏。

是为序。

姜建强

2024 年 3 月 4 日于东京

目　录

日本式灵性的显现

| 目 录 |

绪论：关于日本式灵性

"精神"的字义

我想就日本式灵性做点思考，但我们必须先对灵性和精神加以区分。灵性这个词很少使用，但精神却在不断被使用，而且最近还被大量使用。在我看来，如果我们澄清了精神这个词的含义，灵性的义理也自然会变得清晰明了。

事实上，精神这个词有许多不同的用法，以至于有时我们会迷失其意。吾辈在孩提时代，即明治初期，听到的如雷贯耳的一句话就是"精神一到，何事不成"。这里的"精神"用来表示意志，强调拥有坚强意志的人无事不成。原本的意志——在最广泛的意义上，可以说是宇宙生成的原动力，所以当它表现在我们自己身上，即表现在每个个体身上时，就可以被理解为心理学意义上的意志力。这种意志力越强，工作就会做得越好。朱熹[1]所言"阳气发处，金石亦透"，便是强调精神力的极致。佛经也有"心往一处使，万事都能成"的说法，但这里的心只不过是指注意力。在这一意义上，说精神即注意力也未尝不可。然而如今，常在我们耳边响起的"日本精神"和"日本式精神"这两个词，似乎并不包含注意力或意志力的含义。这是因为并没有所谓的日本人、中国人或犹太人的意志力或注意力。

有人认为，所谓精也好、神也好，原本都是心之义理。不过这个"心"字，也是生出诸多问题的文字，所以即使我们说精神即心，也不意味着就能理解精神。《左传》昭公 25 年记载了一句话："心之精爽，是谓魂魄。"这里"精爽"的

---

[1] 朱熹（1130 年—1200 年），中国南宋理学家、哲学家、思想家、政治家、教育家、诗人。——译者注

"精"是指神。如果是这样，那么尽管"精神"一词属于固定搭配，但是否亦可归结为一个"神"字呢？由于神是形与物的对立物，因此亦可说神即心。《渔樵问对》[1]里说，"气行则神魂交，形返则精魄存，神魂行于天，精魄返于地"，因此"魂""精神""心"都可视为异字同义的文字吧。在文献中详细探究这类词语是颇为有益的，这对阐述当今流行的精神义理有很大帮助，但由于目前不可能这样做，那就来看看今天的日本人通常是如何使用精神这个两字熟语的吧。

归根结底，精神是心、魂、物的核心。然而就魂而言，并不总是与精神匹配，心也是如此。当我们谈论武士魂或日本魂的时候，我们不能直接用武士精神或日本精神来替代之。虽然二者在某些方面也有相同之处，但魂听起来更具象，而精神似乎更抽象。这可能是因为魂是一个日语词，精

---

[1] 作者为邵雍（1012年—1077年），北宋著名理学家。全文通过樵夫问、渔父答的方式，将天地、万物、人事、社会归于易理，论述天地万物、阴阳化育和生命道德，目的是让人明白"天地之道备于人，万物之道备于身，众妙之道备于神，天下之能事毕矣"。——译者注

神则来自汉文字。日语中似乎很少有抽象、一般和概念化的单词。魂给人的感觉如同大小玉珠，朝着一个方向滚来滚去，而精神则缥缈虚无得多。不是吗？"精神满腹"这个词，听起来很具体，也很感性，但我不觉得像有玉珠在我面前滚来滚去。

有"时代精神"一说，但若说"时代魂"，似乎总觉得有不尽所以然之感。"魂"在其原始意义上，毕竟是个人的。在中国，"精神"可以指代"魂"，但在日本未必如此。

那么看来，精神不可能总是与心合二为一。精神科学未必就是心理学。当我们如此这般地谈论精神时，也不可能立即用心来取代精神。在这种情况下，精神还包括主张、条理和合理性等含义。

检索语言的来龙去脉，并非没有被误导的风险。在日本，原本的大和语言之上就有汉文字，此外又有来自欧美的词常被翻译成汉文字，这就使得今天的日语变得极为复杂和怪异。在大和语言也即日本文化还没有得到独立发展之前，来自中国的文化带着它的文字和思想涌入，迫使我们不得不持续跛脚前行。然后，从明治初期开始，西方文化如狂澜怒涛般涌入，我们用只争朝夕的快速度随意组合各种文字，再将其装进自己的头脑。这就是盛行至今的做法。因此，无论"精神"是"心"还是"魂"，由于原本文字组合和无趣的固定搭配等，新的词语自觉或不自觉地在文化的各个领域得到了广泛使用。这种新词语一旦组合成功并被使用了一段时间，就会产生既得利益，无法轻易改变。即使有使用上的不便，即使有些新词语并不总是那么妥帖，基于习惯用语的生存权，新词语也还是不知不觉地被固定了下来。

在这种情况下，"精神"二字也具有多义性。不过大体而言，人们是在以下的意义上使用精神这个词语的。

当谈论日本精神的时候，这里的精神是指理念或理想。理想不一定被意识到，它是隐藏在历史中的某种东西，会随着时势的变化而变化。如果将这种变化提升至意识层面，那就是精神。所谓的日本精神，一开始并不是从民族生活中被明确意识到的东西，它也不总是以同样的方式、同样的历史背景为基础而出现的。理想总是指向对未来也即目的的思考，而过去似乎总是跟着精神走的，但事实上，精神总是对未来有所意识、有所察觉的。一个不与未来相连的精神，一个只在怀古忧伤中高扬的精神，是没有生命力的，也根本不是真正的精神，而只是一位母亲抱着孩子的尸骨不放的盲目爱而已。日本精神一定是日本民族的理想。

日本精神还具有伦理性，理想必须拥有道义依据。

当我们说精神的时候，是指它与物质处于对峙位置之义，但这并不一定意味着精神具有宗教性质。

一个精神主义者是不拘泥于形式的人。他是一个不为循规蹈矩和物质万能观念所囚禁，而坚守某种单一的道义理念去做万事的人。

精神史有时被视为文化史的代名词，其对象涵盖了人类脱离自然而又在自然之上展开的全部人类活动。思想史比精神史更狭窄，这是因为思想史只限于思想层面。

归根结底，无论怎样论及精神，它似乎总是显现出与物质在某种形态上的对立。也就是说，精神总是内括了二元论思想。如果说精神不与物质相克，那么相对物质而言，精神也占据优位或具有优越性。精神从未将物质囊括其中。而且，所谓精神即物质、物质即精神之类的思想，从来都不是从精神方面说的。在精神不与物质对立的场合中，前者总是将后者踩在脚下，或者前者明显地表露出要踩踏后者的意愿。可以说，没有二元论思想的地方，就没有精神的栖身地。在这里，我们发现了精神这个概念的特异性。

灵性的意义

如果这种判断没有太大问题，那么下一步就应该阐明何谓灵性了。灵性这个词虽不常被使用，但让灵性含有"精神"，或者含有通常所言的"心"外之物，倒是我希望的。

在精神，或者心与物（物质）对立的思考中，绝无可能在精神中放入物质，在物质中放入精神。现在必须在精神与物质的深处发现一些东西。只要二者在对峙中，矛盾、斗争、相克、相杀等就不可避免，而且人类也根本不可能这样生存。必须有某种东西涵盖精神与物质的这种对立，并看到此二者是一非二，且虽为一，但同时也是二。这种东西就是灵性。只有期待人的灵性觉醒，迄今为止的二元世界才不再相克相杀，才会和谐融洽、相即相入。换言之，精神和物质互为矛盾，但又必须有相互映照的可能，这种可能性可以通过灵性直觉来实现，因此，在精神和物质世界的背后，必须再打开一个世界。

将灵性称为宗教意识也未尝不可。不过一旦言及宗教，极易生出误解。日本人似乎对宗教没有深刻的理解，要么将宗教视为迷信的别名，要么试图用宗教信仰来支撑既不是宗教也不是其他精神之物的东西。这就是我们不言宗教意识而称之为灵性的原因。然而，除非唤起人们对宗教的意识，否则很难理解什么是宗教。我认为这种唤起与理解模式适用于对任何事物的认识，但如果是一般意识中的事象，在某种程度上则可以允许一些猜测、想象或同情。不过，对于宗教来说，必须有灵性的作用。也就是说，宗教只能通过灵性觉醒来理解。

即便言及灵性，也并不意味着有一种特殊的力量或东西在起作用，但它与我们通常所说的精神作用又有所不同。精神具有伦理性，而灵性超越了伦理性范畴。超越并不是"否定"之意。精神是基于分别[1]意识，而灵性是无分别智[2]。但这也并不意味着分别性被淹没，然后再出现。精神可以通过意志和直觉——而未必以思想和逻辑为媒介来推动。在这点上，精神与灵性有相通的一面，但这里要指出的是，灵性直觉力要比精神直觉力高出一个次元。而且，精神的意志力只有在灵性的支配下才会超越自我。仅仅是所谓的精神力量，其中必有不纯之物的残渣，即自我——各种形态的自我。只要这种情况存在，精神与物质就不可能真正实现"和为贵"。

---

[1] 佛语。即思量识别一切事理。如糖是甜的，药是苦的。而如果我们执着于这个分别，就等于同时执着于一个对立象。我们执着此二象，就是有分别心。于是我们的心智就被束缚。——译者注

[2] 佛语。指舍离主观、客观之相，而达平等的真实智慧。佛教认为，无分别智就是我们的根本智慧。根本智慧就是离开对待、离开能所、离开主客体的那种不二的心性。这种智慧是超越心识的相对分别而显，它的作用是直契绝对的真理。因此又称为无分别心。——译者注

灵性和文化发展

一个民族的文化进步达到一定程度之前，灵性是无法被唤醒的。这并不是说在民族的原始意识中没有某种意义上的灵性，问题是即便有，也是极具原始性的，不可将这些原始性的灵性误认为纯粹且被提炼而成的灵性本身。然而，即使一种文化达到了一定的发展水平，也不能说所有的民族都拥有了觉醒的灵性。换言之，即使我们谈论日本民族，也不能说当今日本民族的每个人都是灵性的觉醒者，都是灵性的理解者。其实到了今天，我们的国民中还有很多人是难以跳出原始宗教意识的，他们甚至在原始性中寻求纯粹的灵性。

灵性的觉醒是个人的体验，是最具体且最丰富的。随着民族文化的发展，这种体验出现在个人身上，然后这个特定的个人，可以把他的体验传递给其他人，其他人也可追随他，但不是任何民族都是以这种方式来体验灵性的。对有些人来说，无法际遇体验灵性觉醒的机会，或者即便际遇了，他们的内心准备也是不充分的。为此，他们可能会对原始宗教意识有一种憧憬与亲和感，但除此之外，他们无法触及灵性本身。诗，最好面向诗人吟诵。酒与知己共饮才味浓。对此，有人就是不解其中奥趣，再怎样解释也是徒劳。原始思维非常根深蒂固地支配着我们的心向意识。

灵性与宗教意识

我想多数人都可以从上面的论述中理解灵性。但即便如此，可能仍有人把灵性置于精神之外，认为存在物质与精神对峙之上的又一对峙，即物质与灵性的对峙。如果这样想，这就如同脑袋上再长脑袋——多此一举。因此，简言之，灵性是精神深处的一种潜在机能。这种机能一旦被唤醒，精神的二元性就会消解，精神主体就有能力对自身进行感知、思考，产生意志力并采取行动。也可以这样说，一般所言的精神并不触及精神主体，不触及自己的原有面目。

从宗教方面来看，宗教意识被视为人的精神认识其灵性的一种体验。对此我们可以断言宗教意识就是一种灵性体验。当精神与物质发生对立，精神为物质的束缚所困扰时，一旦有机会触碰自己的灵性，对立与相克的苦闷自然就会消去。这就是真正意义上的宗教。人们通常理解的宗教是一种基于个人宗教体验而制度化，并在此基础上加入了集团意识操作的宗教。虽然灵性确实存在，但更多场合下，灵性又总是沦为一种形式并成为常态。尽管存有所谓的宗教观念、宗教仪式、宗教秩序、宗教情感等诸多表象之物，但其本身未必就是宗教经验。灵性就与那个本身相关联。

日本式灵性

综上所述，我想我们大致明白了灵性所具有的意义。其中灵性与精神之间的概念领域，也在一定程度上得到了澄清。此外，我们也在某种程度上阐明了宗教意识的觉醒就是灵性的觉醒，这就意味着精神本身也开始从根本上动作起来。可见，灵性并不是某个民族特有的，而是具有普遍性。汉民族的灵性也好，欧洲诸民族的灵性也好，日本的灵性也好，只要是灵性，就一定不会有什么不同。然而，灵性也是一种觉醒，因此在精神活动诸事象中表现出来的方式，各民族自有其相异之处。换言之，日本自有日本式灵性。

那么，何谓日本式灵性呢？通过思考，我想说净土思想和禅，是日本式灵性最纯粹的表现形式。这样说的理由很简单，净土思想和禅都占据了佛教的一角。不过，对此有人可能会这样说，因为佛教属外来宗教，所以它并不是纯粹的日本式灵性的觉醒和表现。然而，我并不认为佛教是外来宗教，禅也好，净土也好，都没有任何外来性。确实，佛教是在钦明天皇时代 [1] 传入日本的，不过当初传来的是佛教礼仪以及举行礼仪用的附属品。这也就是说，当初所谓的佛教传来，并没有伴随着日本式灵性的唤起。当时有一场佛教受容与否的争论 [2]，但这是政治因素导致的，与日本式灵性本身

---

[1] 日本第 29 代天皇，公元 539 年 12 月 5 日至 571 年 4 月 15 日在位。——译者注

[2] 当时主掌祭祀的豪族物部氏反对佛教传来，崇佛的苏我氏则联合圣德太子、渡来人等势力对抗物部氏。随着反佛派被打倒，佛教进一步在日本扎根，并成为统治阶级所推崇的镇护国家的宗教。——译者注

并没有关联。也有人说，佛教开始在建筑、艺术以及科学等领域发挥作用，不过这也不是日本式灵性的问题，而是日本在各个方面采用了中国文化的问题。总之，日本人的灵性尚未始动，佛教与之没有任何活生生的关联。即使是在佛教的作用下，日本民族出现了真正的宗教意识，并以佛教的形式表现出来，那也只是一种历史的巧合。而日本式灵性的主体本身必须穿透这种巧合，在其之下寻找到灵性的表现形式。

我们是否可以认为，神道[1]各派反倒在传播日本式灵性？其实，神道并不能表现日本式灵性及其纯粹性，那些被称为神社神道或古神道的东西，只是将日本民族的原始习俗加以固定化，与灵性无关。日本化的东西越多，灵性之光就越难以焕发。很多人认为自己有足够的灵性，但我想说这并不是我们所看到的那样。在某些方面，灵性问题有不允许争论的地方，所以导致的问题就是对灵性本身的死抬杠。这当

---

[1] 日本宗教之一。神道以自然崇拜、祖先崇拜、天皇崇拜为主，属于泛灵多神信仰，视自然界各种动植物为神祇，并号称有八百万神。——译者注

然令人困惑，但是"相骂饶汝接嘴，相唾饶汝泼水"[1]，除此之外别无他法。

禅

禅，是日本式灵性的表征。这样说并不意味着禅深深植根于日本人的生活，而是说日本人的生活本身就是"禅式"的。禅宗的传来，为日本式灵性提供了发光的机缘，此时发光的主体本身已足够成熟。禅是承载着汉民族的思想、文学和艺术传来的，但这些搭载道具未必能吸引日本式灵性。佛教文学和思想并不是在奈良时代传入的。奈良时代与平安时代的佛教，只是与日本上层生活发生概念性的结合。与此相反，禅在镰仓时代的武士生活中已经深深扎下了根，并且因得到了武士精神深处某种固有之物的培育而萌芽。这种萌芽不是外来的，而是来自日本武士生活本身。刚才说禅已经扎

---

[1] 出自宋代释道颜的《颂古八首·其五》。——译者注

下了根，这不是正确的表述。倒不如说，为了恰好萌发的日本武士的灵性，最好拆除堵塞在通道上的障碍物。这里我们看到了啐啄同时[1]的机缘。因而日本的禅宗，甘愿接受汉文学的压制，但日本的禅生活，却在日本式灵性的基础上开了花。从室町时代[2]到江户时代，禅的表现在日本人生活的各个方面都得到了展开。被视为最日本化的神道本身逐渐禅化，也是基于这个原因。事实上，在禅化的无意识之处，我们越来越多地看到禅的日本式灵性的特征。神道家试图在他们的意识表面上否认这种无意识的事实。不过那些多少研究过人类意识特殊性的人都清楚地认识到，这种否认，就其本质而言，只不过是肯定。

---

[1] 禅语。小鸡破壳时，母鸡与小鸡从内外同时碎壳。比喻机缘相投或两相吻合。《碧岩录》有云："法眼禅师有啐啄同时底机，具啐啄同时底用，方能如此答话。"——译者注

[2] 是日本历史中世时代的一个划分，名称源于幕府设在京都的室町，经由16代将军，历237年。上承镰仓时代，下启安土桃山时代。年代为1336年至1573年。——译者注

净土思想

为了察悉净土思想，特别是真宗信仰的日本式灵性，有必要明确区分真宗教团和以此为基础的真宗经验。除非这种区分得到充分的认可，否则我们甚至可能会觉得没有什么是比真宗信仰更日本式的。这是因为净土思想都是以净土三经 [1] 的教义为基础的，而这些教义又可被判定为是完全印度式的。然而不得不说的是，这仅仅是只看事物表面的人的想法，他们的眼光浅薄得连一层纸都看不透。

诚然，真宗教徒以净土三经为其所依的经典。但如果真是这样的话，为什么真宗没有在中国或印度发展起来？我认为净土宗起源于中国的六朝时代 [2]，距今至少已有 1500 年

---

[1] 有关阿弥陀佛及极乐净土的三部佛经，为汉传净土宗的根本经典。三经是《佛说无量寿经》《佛说观无量寿佛经》《佛说阿弥陀经》，简称为《无量寿经》《观经》《阿弥陀经》。——译者注

[2] 一般是指中国历史上三国至隋朝的南方的六个朝代。即孙吴（或称东吴、三国吴）、东晋、南朝宋（或称刘宋）、南朝齐（或称萧齐）、南朝梁（或称萧梁）、南朝陈这六个朝代。年代为 222 年至 589 年。——译者注

了。然而，1500 年前六朝时代的净土宗，可以说和 1500 年后即今天中国的净土宗没什么区别。因为真宗的横超 [1] 经验以及弥陀的绝对他力 [2] 的救济观没有在六朝时代的净土宗中诞生，同样现在也没有。恰恰相反，在日本，当法然上人 [3] 让净土宗从天台教义中独立出来，并试图维护一宗面目时，亲鸾圣人 [4] 就出现在他的会下，这对净土宗理论的飞跃来说是一个重大因素。镰仓时代日本式灵性的活动，并没有因为法然上人的净土观而停止。如果没有亲鸾圣人登场，这一切就不会发生。这绝不能被视为一个偶然事象。如果没有日本式灵性，这种飞跃性的体验在净土思想中是无法产生的。印度和中国也有

---

[1] 佛教用语。通过阿弥陀佛的本愿力，飞越迷途世界，往生净土。这是真宗所传授的绝对他力的教义。横超者即愿成就，真宗是也。——译者注

[2] 佛教用语。是指救济的力量完全来自阿弥陀佛的本愿，而非人的自力修为，故称绝对他力。这种净土真宗的核心教义，也称"他力本愿"。——译者注

[3] 法然上人（1133 年—1212 年），日本平安时代末期、镰仓时代初期的僧侣，日本净土宗开祖，净土真宗开创者亲鸾之师僧。——译者注

[4] 亲鸾圣人（1173 年—1263 年），镰仓时代初期僧侣，日本净土真宗之祖师。主张绝对他力、恶人正机。在明治维新前，净土真宗是日本唯一许可僧人结婚与食肉的佛教教派。——译者注

净土思想，然而其首先在日本，通过法然和亲鸾获得了真宗形态，这一事实必须归功于日本式灵性，也即日本宗教意识的能动表现。如果日本式灵性只是被动的，那么它就不会以这种方式发挥作用，而是只能对外来或输入之物原封不动地全盘接受而已。日本式灵性的觉醒本身，和为这种觉醒提供机缘的所谓外因，必须分开加以思考。即便是在单纯接受的被动场合，我们也应该考虑接受方的一些积极因素。但在目前的情况下，即在真宗信仰横超经验的情况下，仅说它是积极的还不够。我们还必须得出结论，即有一股非常强大的作用力量来自日本式灵性。当这种作用力量通过净土思想表现出来的时候，净土真宗就诞生了。毫无疑问，真宗经验激活了日本式灵性。虽然真宗在佛教框架中的出现只是一个历史的偶然，但这并不妨碍它在本质上是构成日本式灵性的东西。

禅与净土宗——直接性

日本式灵性在情性方面显现出的是净土经验，在知性方面表露出的是日本人生活的禅化。区分所谓的情性与知性，其实并无趣味。有时勉而为之，反而会生出概念的混乱，但现在只暂且保持原样。所谓日本式灵性的情性展开，指的是"绝对者"的无缘大悲。在法然与亲鸾的他力思想中，对无缘大悲超越善恶、普照众生的原因，有着最为大胆、最为清晰的阐述。"绝对者"的大悲是不因恶而阻挡，不为善而打开。这种绝对无缘，即超越分别，如果没有日本式灵性，就无法被经验到。因此，亲鸾特别召唤圣德太子[1]作为日本式的教主。确实，亲鸾被法然唤醒了净土思想，但他对法然言犹未尽的绝对他力的经验，似乎也有了清晰的灵性上的把握。这样一来，他比法然更进一步地回到了圣德太子那里。必须说，亲鸾意识到了他的灵性为何是日本式的。这种意识不是在印度，也不是在中国产生的，而是只有在日本才有可

---

[1] 圣德太子（574 年—622 年），日本飞鸟时代的皇族。父亲是用明天皇，母亲是钦明天皇之女穴穗部间人皇女。作为推古天皇在位期间的政治改革推行者，与苏我马子共同执政。圣德太子笃信佛教，其辅政期间大力弘扬佛教。——译者注

能产生。这件事作为事实，难道我们还不能找出日本式灵性的特异性吗？

不借助任何条件，众生就能与无上尊 [1] 直接交涉沟通，这在二元的逻辑世界里属于不可能的事。日本式灵性却能毫不费力、没有任何阻碍地做到这一点。这种不可思议性在我们的禅生活中也能找到。禅的特异性在于它的直截了当性。在这点上，它与真宗经验如出一辙。佛光国师 [2] 指教北条时宗 [3] 的"莫妄想"，明极和尚 [4] 勉励楠木正成 [5] 的"截断两头，一剑倚天寒"，瞄准的是同一个点。这意味着两个事物之间的

---

[1] 佛教术语。指人天中，佛乃最尊胜，故号无上尊。《无量寿经》曰："吾当于世为无上尊。"——译者注

[2] 无学祖元（1226年—1286年），南宋临济宗僧侣，后东渡日本，为日本无学派（佛光派）的始祖。1286年圆寂于建长寺，谥号佛光国师。著作有《佛光国师语录》。——译者注

[3] 北条时宗（1251年—1284年），日本镰仓时代中期武将，镰仓幕府第八代执权，是第五代执权北条时赖之子。——译者注

[4] 明极楚俊（1262年—1336年），南宋末年高僧，以67岁高龄东渡日本传播佛学，是日本佛教史上重要的僧人，也是书法家、文学家。——译者注

[5] 楠木正成（1294年—1336年），镰仓幕府末期到南北朝时期著名武将。一生效忠后醍醐天皇，在凑川之战阵殁。后世以其为忠臣与军人之典范，视其为军神。原官位正五位，1880年追赠正一位。——译者注

沟通无须媒介。不拘泥于任何东西，赤裸裸地扑向对方的怀中，这是日本精神的一个清明之处。当然，在灵性领域也是如此，灵性其实是这种清明最为本质的体现。当清明心不在意识表面活动，而是沉潜其最深处，在那里做无意识、无分别、莫妄想的活动时，日本式灵性就会被认可。由于日本式灵性的特征在莫妄想中被体现了出来，因此它自然会在日本生活的层面被解读。这就是通常所说的禅思想的渗透，但从日本民族的立场来看，说日本式灵性是以禅的形式表现出来的也未尝不可。

禅虽然发生于中国，但它没有深入汉民族的实际生活。类似华严、天台、唯识等，怎么也不可能被中国人接受，所以中国佛教别无选择，只能成为禅宗和净土。佛教成为禅宗，集宋儒理学之大成，勃兴了明代王阳明学。然而，在中华民族的一般生活中，佛教并不是以禅的形式来渗透，而是作为因果报应的教义来普及的。对于为北方民族的汉人思想和情感所支配的民众来说，带有善因善果的逻辑理论会比南方系的禅宗思想更有效。因此，中国的净土思想不可能通过亲鸾式的横超经验来获得。不管怎么说，所谓日式之物，不可避免地是基于南方系的思考方式和感受方式的。在这方面，可以说日本人和禅宗自然有易亲易和的倾向。牧溪[1]的画作不为其本国人所理解，而只能保存在日本这个事实，也可能是基于上述原因吧。

本居宣长[2]说他不喜欢失之偏颇的汉意之理，而取悦于直白的大和心，以及接受事物的本来面目。这是因为北方系和南方系在思考方式、感受方式和行动方式上存在着差异。可以说，"随神"一语也是这种"莫妄想"的南方系思想的表现，这也是神道思想动辄倾斜于老庄风格的一个原因。然而，不容忽视的是，禅不仅仅是"莫妄想"。禅出自印度，扎根中国，这个事实表明，禅在单纯的"随神"之上增加了一种思维的洗练。禅，在南方系的印度思想中放置根源，然

[1] 牧溪，南宋画家，俗姓李，佛名法常，号牧溪，生卒年月不详。代表作品有《老子像》《松猿图》《潇湘八景图》等。——译者注
[2] 本居宣长（1730年—1801年），日本江户时代的思想家、语言学家，日本国学的集大成者。——译者注

后在北方系的汉民族中间成立，在那里经由北方风土的培育，获得了足够的实证性，之后向东传播，与南方系的日本式灵性接触。因此，日本式灵性一方面采用了汉民族的实证逻辑，另一方面通过禅，找到了可称为南方系印度民族的直觉之物。对此，日本人感到一种满足，因为自己的灵性之形态在禅那里得到了反映。从一开始，日本式灵性就被视为"禅式"的。由于它只是恰好被禅的传来唤起，因此就顺水推舟地把禅称为"外来的"，这显然是混淆因果的一种看法。毫无疑问，如果我们不这样看问题，就无法解释为什么禅宗立即与镰仓时代武士阶层的心理产生深刻的共鸣。尤其是，日本式灵性在镰仓时代之前还一直处于冬眠状态。民族与大地的关系，第一次在镰仓时代变得更加紧密，灵性的气息吹拂在两者之间。因此，法然和亲鸾都在那个时代崛起，他们都参访了禅寺。由此故，经由室町时代，禅宗成为日本生活本身越来越深刻的表现。

镰仓时代和日本式灵性

在这里，我想说日本式灵性最早是在镰仓时代觉醒的。这篇文章曾在《信道》杂志——这本杂志由名古屋信道会馆发行，后收录于《文化和宗教》（《铃木大拙全集》第19卷，1969年）——以《日本精神史的一个断面》为题发表过。它只是对镰仓时代做了极为概括的描述，目的是书写广泛意义上的日本精神史。为了将其纳入本书，我做了一些修改。这里，有的地方用"宗教意识"一词代替了"日本式灵性"，这是因为当时主要是从意识层面来看待日本精神史的。我之所以将日本式灵性，即宗教冲动或宗教意识的兴起仅限于净土宗，是因为很多读者对它感兴趣。

先给出结论：古代日本人没有真正的宗教可言，他们是极为朴素的大自然之子。经由平安时代进入镰仓时代，他们首次在精神层面勃发了宗教冲动，即日本式灵性的觉醒开始萌芽。作为宗教冲动的结果，日本一方面勃兴了伊势神道[1]，另一方面开始提倡净土系的佛教。此时的日本人，第一次对宗教有所觉醒，并意识到自己的灵性。这是我大体想说的内容，但在这篇文章中，我不得不止于对提纲轮廓的介绍。

---

[1] 伊势神道为日本神道教派之一，由伊势神宫外宫的祠官度会行忠、度会家行、度会常昌等创立，亦称外宫神道。托名撰写《神道五部书》，从《古事记》《日本书纪》等日本神话和中国道家思想中援引观点，试图构建可以对抗"本地垂迹"说的理论体系。——译者注

情性的生活

万叶集

只要看一下文学作品，就能确信古代日本人并没有深刻的宗教意识。被视为在 1200 年前编撰完成的《万叶集》[1]，就是直率纯真地歌咏我辈祖先精神生活的和歌集。《万叶集》荟萃了上至宫廷、下至庶民的和歌，因此它是见证古代日本人拥有什么样的精神生活的最好材料。若问《万叶集》歌咏了

---

[1] 日本现存最早的和歌总集，收录 4 世纪至 8 世纪中 4500 多首长歌、短歌，共计 20 卷，按内容分为杂歌、相闻、挽歌等。今日一般认为最后一位编者是大伴家持。——译者注

当时一种什么样的生活，一言以蔽之，就是古代纯朴的自然生活。爱山爱水、悲伤离别、英勇善战、相恋相慕、悼念死者、敬君畏神等，这些都是从古代人的心底唱出的。这是一种未经过任何加工的人类天生的情感，可以说还完全没有脱却稚气。这就是宗教学者所言的尚未重生的灵魂生活。这里试举几例。

众所周知，日本人从古代开始就是自然美的尊崇者。如山部赤人[1] 著名的"出门来到田子浦，抬头仰望富士山"（《万叶集》318），再如"若浦潮满无浅滩"（《万叶集》919），确实是日本人情趣的代表作。我们的祖先还爱梅、爱樱、爱月：

我家花苑梅飞谢，

天际漫舞雪花落。（《万叶集》822）[2]

---

[1] 山部赤人（？—736 年），日本奈良时代的歌人，三十六歌仙之人。——译者注

[2] 本书引文皆由译者重新翻译。——编者注

这首和歌的构思很奇特。诗的前半已断定梅花谢了，但后半又怀疑它是从天上飘下来的雪花，落在了庭院内。不过，当时的人就是这样感受的。

梅与莺被联想成密不可分的配对，不知是从什么时候开始的，不过万叶时代已经有将二者配对的和歌了。如：

> 梅枝头上黄莺鸣，
>
> 惜花声声梅飘散。(《万叶集》842)

雪，也是当时万叶人对歌游艺的主题。如：

> 茫茫雪海盖天下，
>
> 银光闪闪照吉祥。(《万叶集》3923)

此外，男女相闻歌 [1] 也占据了《万叶集》的一大部分，

---

[1] 所谓相闻，指的是彼此之间互通消息。这一类别主要是吟咏男女爱情的和歌。——译者注

这是很自然的。两性相爱之情是最为炽烈之情感，所以当时赤身裸体的古人就特别爱唱这样的情歌。到了后世，"恋"成为歌曲创作的题材，甚至连本应看破红尘的僧侣也唱起了恋歌，其中有些被选入《万叶集》。上古时代还没有这样的事，而且其实感是淳朴的。在那时候的情歌中，几乎看不到与相爱的复杂曲折有关的技巧，有的只是相见时的喜悦、离散时的悲伤、死别时的爱怜等主题。而且在这些恋歌中，也没有发现一首是对恋爱本身带来的悲伤、痛苦所做的反省与沉思。显然，这些恋歌都没有超出童趣般的纯爱境界。恋爱的悲剧是驱使人们走向宗教的一个原因，但这需要成熟的头脑。

在我看来，人一旦遭受不平、失望、苦闷，如果连宗教也不能使其解脱，那就只能沉醉于酒了。酒精以一种生理和成瘾的方式暂时高歌了生命的积极一面。从这种意义上说，酒带有宗教性。不过，古代日本人似乎还没有从这层意义上理解饮酒文化。但中国的酒仙们似乎有宗教背景。波斯人也有宗教背景，他们从这方面赞美酒德。而日本酒文化缺乏宗教背景。

《万叶集》里的饮酒只是模仿竹林七贤[1]或酒中八仙[2]等，故在精神层面难见深刻性。它只是作者对醉酒后的状态感到好玩的一种情感表达，并没有超出"团团簇簇樱花开，今天也是游玩日"[3]的范围。

> 无所思想无所得，
>
> 一杯浊酒烦恼无。（《万叶集》338）

和歌的思想止步于此，除此之外看不到更高境界的作品，没有对生与死的思考，虽然也谈论来世等话题，但都非常的概念化，没有深刻的宗教反思痕迹。比如：

---

[1] 是指魏末晋初的七位名士，即山涛、阮籍、刘伶、嵇康、向秀、阮咸、王戎，其活动区域在当时山阳县的竹林中。——译者注

[2] 也叫饮中八仙，是指唐朝好酒的八位名士。这个说法曾在杜甫的《饮中八仙歌》里提及。饮中八仙包括贺知章、李琎、李适之、崔宗之、苏晋、李白、张旭、焦遂八人。——译者注

[3] 出自日本的《新古今和歌集》。《新古今和歌集》是镰仓时代的敕撰和歌集，1205 年编撰，敕命者为后鸟羽院。共收录和歌 1978 首，共 20 卷。——译者注

　　生者必死无处顿，

　　今日当歌且当乐。(《万叶集》349)

再比如：

　　今日当乐来世生，

　　或虫或鸟亦觉悟。(《万叶集》348)

虽然一个体现了生者必灭的思想，另一个体现了六道轮回的思想，但不论怎么看，这种肯定现世的人生态度显然只是感性的。

　　在哀悼死者的"挽歌"[1]中，既有对哀伤，也有对诸如无常、"逝者如斯"[2]、"水泡无影"[3]等的思考与歌咏，但似乎

---

[1] 在《万叶集》中，"挽歌"主要是指哀悼死者的和歌。——译者注

[2] 出自孔子《论语》："逝者如斯夫，不舍昼夜。"——译者注

[3] 出自《古今和歌集》。《古今和歌集》简称《古今集》，日本第一部敕撰和歌集，成书于公元905年，编撰者包括纪贯之等人。全集共收录1000余首奈良以来直到平安初期的和歌，全20卷。与《万叶集》的凝重、粗放风格不同，《古今集》所选恋歌颇多，带有贵族化风格，优雅优美。——译者注

都缺乏深意。在《万叶集》中，我们怎么也看不到作者对死的神秘性、永恒的生命、超越生死的存在的向往，对泡影无踪、月圆无缺的憧憬，也看不到对祈祷捕捉未知事物所做的努力或由此而引起的烦恼等。"家中阿妹呼归来"[1]、"去年阿妹今不归"[2]、"寂寞孤枕难眠夜"[3]、"哭天哭地君不在"[4]的早晚、"相逢无缘泣无声"[5]的吾妹子——这种咏叹无疑是一种美的情分，但这种情分也不过是世俗的、肉欲的、享乐的、暂时的。在这里看不到来自灵魂深处追求某个永恒女性的呐喊。即便是在男女互唱情歌的场合，我们也无法在和歌里发现必须抓住的某种超越性或超越性爱的东西。

同样，万叶歌人在对生命本身的看法上，也没有表现出宗教所应有的深度。他们的生死观可在以下的典型诗句中看出：

---

[1] 出自《万叶集》445。——译者注
[2] 出自《万叶集》214。——译者注
[3] 出自《万叶集》2050。——译者注
[4] 出自《万叶集》458。——译者注
[5] 出自《万叶集》483。——译者注

世间空虚且无常，

当空明月盈又亏。(《万叶集》442)

望月盈亏，领悟诸行无常。和歌很是平庸平常，似乎效仿了
一些样本。

卷向山上水声响，

逝者无踪如泡沫。(《万叶集》1269)

这也是一个梦幻泡影式的观念化的作品，看不出有这样的心
情，即想要追寻连在泡沫中都不会消失殆尽之物下落的心
情。在沙弥满誓[1]的和歌里有这样的诗句：

世间何以打比方，

朝辞船去无踪迹。(《万叶集》351)

---

[1] 生卒年不详，是日本奈良时代初期的贵族、僧侣和歌人。俗名笠朝臣麻
吕。出家后取名沙弥满誓。——译者注

据说沙弥满誓是从官府退休后不久出家的，自然拥有较高的佛教素养。但也就仅此而已，和歌中难觅宗教因素。接下来的两首都流露出彼岸志向，据说这两首和歌是写在河原寺[1]佛堂的和琴[2]琴面上的，可能是某个和尚至诚心之体现。

> 生死二海真可厌，
>
> 一心向往潮干山。（《万叶集》3849）

> 世间就是烦恼多，
>
> 借庐寄身浑不知。（《万叶集》3850）

"潮干山"或许就是涅槃山，是连生死之海的惊涛骇浪都无法抵达的地方。"极乐世界"亦指涅槃的彼岸。这两首和

---

[1] 又称弘福寺，坐落在奈良县高市郡明日香村川原，是日本飞鸟时代建立的一座佛教寺院，此处已被指定为历史遗迹。——译者注

[2] 又称"倭琴"，有六根琴弦，琴长1.5米至2米，木制。有日本学者考证其属日本固有之物，非中国、朝鲜的外来物。——译者注

歌可以说体现了佛教思想的一种类型，虽然其中的思想没有达到般若的境界，但和歌中的厌世之心、欲求之心体现了对现世的否定之道。没有这种否定，宗教就不能进入最后的肯定。如果彻底放飞这种厌世之心和欲求之心，那么宗教或灵性式的生活将成为可能。不过，对既无所厌亦无所求的大多数万叶诗人来说，他们并没有触及人类心灵最深处的活动。

万叶歌人笔下的"神"，还没有成为像在镰仓时代和室町时代之前发展起来的伊势神道那样的东西。事情当然也应该是这样的。隐于云中，居于雷霆之上的神，是物理事象的人格化，是力量的权化。但即便是这种权化，也会有被许愿者收回供奉之物的可能，除非这种权化表现出达成我愿的意向，就像我们今天向稻荷神祈求现世利益，往往会捐款竖立一座鸟居来表达对神明的敬意。

神社许愿见吾妹，

未能见到还赐币。（《万叶集》558）

因为无法见到自己的恋人，就把许愿供奉的赐神币收回来，这显然体现了对神的怨恨。这不是高于人的神。神似乎比人更有力量，但其感情部分却是相当低层次的，可以根据交换条件来取舍。有时我们会想办法求神保佑，也可以向神灵许愿。万叶人的恋"心"思想特别强烈，因此神也被吸引到这里。

许愿再逢吾好妹，

神社日日拜不停。（《万叶集》2662）

然而一旦许愿落空，许愿者就会对神粗言相报。他会一个劲地说：请记住，若是神来打我，我将不惜这命这名，我也不知我会干出什么。

神灵不灵愿不达，

任它舍弃命不惜。（《万叶集》2661）

神立斋垣无超越，

吾名不惜决心下。（《万叶集》2663）

你看，一个个都自暴自弃，神的尊严也不过如此。这里绝对没有宗教。虽然有"出言惮""出言忌""出言惶""出言畏"等难言诸神，但无法实现利益交换时，诸神就会舍弃自己的生命，试图与对方的力量相碰撞。出言惶神、出言畏神，它们只是力量之神。但宗教不能只有力量。

哭泽神社奉神酒，

祈祷皇子高天归。（《万叶集》202）

这不是恋爱歌，应该说是一首有挽歌风格的和歌，所以没有性爱的强度，因而也不存在不惜名、不要命的自暴自弃，当然也就看不到在神垣亵渎神明的激情。但是，利益的可交换性却是明明白白被承认的。万叶人的宗教思想通常不会超出这种程度。而这种程度的"宗教"，今天在我们这里也能看到。我们会许下这样的愿望："即使缩短自己的生命，也要拯救我的儿子"，或者"我要砍掉我最爱之物，所以干这干那"。万叶人的心情，最终成为我们今天的心情。或许有人会说这就是宗教，但那是不知真正的宗教即灵性直觉为何物的人的说法。

由于这是一篇只能称为短篇的小文，因此它并不对万叶人的宗教思想做彻底且根本的研究。所以，下面我以这首和歌为代表，介绍一下他们关于死后生活（来世）的思想。置始东人[1]这位万叶歌人，咏唱了一首悼念天武天皇的御子——弓削皇子[2]的短歌：

高光皇子天神宫，

随神同坐多畏惧。

昼复一日夜晚长，

---

[1] 置始东人，生卒年不详，日本飞鸟时代的官吏。——译者注
[2] 弓削皇子（？—699 年），是日本第 40 代天皇天武天皇的第九皇子，母亲是天智天皇之女大江皇女。他是一位和歌诗人。——译者注

坐卧悲叹意未尽。(《万叶集》204)

反歌一首：

　　皇子成神建雷宫，

　　天云五百隐身去。(《万叶集》205)

　　这样来看，皇子已经离开了现世，但他仍居住在五百层厚的天云之外的宫殿里"随神同坐"，作者对此夜以继日地哀叹"多畏惧"。即便如此，这首和歌的主旨似乎不是说我的哀叹之心已到极限。所谓"雷宫"，或许就是天界的彼岸，但所谓的"随神"又是一种怎样的状态呢？另外，"随神同坐"是指"与神同在"还是"我已成神"？不甚明白，因为我对国学不是很精通。无论如何，弓削皇子是隐于这片土地的，但现在却说升天了。这是每个人死后都会经历的事，还是仅限皇子一人？还有，那些被留弃在这片土地上的普通臣民，他们"昼复一日夜晚长"地哀叹，也不知道他们的哀叹是否与隐藏在雷宫里"随神同坐"的人有关？哀叹是个人私情吗？那些哀叹的人知道他们会以某种方式达到他们的感恩对象的境界吗？如果能达到，他们还会哀叹吗？天上的生活是什么样的？我对这方面的信息一无所知。但无论如何，这是置始东人写的和歌。我们能说这里有宗教吗？在我看来有宗教心的萌芽，而且这种萌芽似乎既不是取自儒教、老庄、佛教等，也不是通过模仿得来的，这是我们祖先作为日本人的真实感受。神道有望在未来得到发展，但在这里我们只看到了它的萌芽而没有看到进一步发展的机缘。"哀叹"还没有成为真正意义上的宗教，其本身也需要更多的提炼和陶冶。置始东人尚未超越传统的原始情感。这一点只要看看天武天皇的皇子草壁皇子 [1] 死去（隐去）时，同时代的万叶人咏叹的和歌就明白了。《万叶集》（171 至 193 首）收录了皇子的 23 位舍人 [2]

---

[1] 草壁皇子（662 年—689 年），天武天皇与持统天皇之子，被立为皇太子，但是很早就过世。妻子阿闭皇女为后来的元明天皇，子女有文武天皇、元正天皇与吉备内亲王。——译者注

[2] 贵族家中的亲信或门客，后成为一种官职。——译者注

恸哭时所作的和歌。在这些和歌中只有单纯的恸哭，没有宗教式的反省，没有亮眼的突破之处。就连对"天宫居神"的思考都没有言及，而仅仅是哀叹。但只靠捶着胸脯，哭喊着"悲伤，悲伤"，是跳不出"淳朴"境地的。这种哭叹，又变相成一种礼仪。有人甚至推测，他们做出如此到位的哀叹礼仪，只是想表附庸的臣下之道吧。置始东人的挽歌，除了单纯的哀叹之外，还有对已故皇子下落的推测。所谓"随神同坐"，即神在天云的彼岸以"随神"[1]的状态存在，可以说，如此这般的想法，本来就在置始东人的脑海里挥之不去，他根本不想做任何反省。

然而，何谓神？"升天镇坐"是何意？升天镇坐后留下"柔肤"[2]的"现世身"[3]，和神有什么关系？当"天地初始高天原，八百万神齐聚集"[4]时，他们还有什么不能做的？这是

---

[1] "随神"并非是个容易理解的问题，不过一般死就是指"灵隐"，即升天宫或告天。——作者注

[2] 出自《万叶集》194 的"皇子柔肤独自眠"句。——译者注

[3] 出自《万叶集》213 的"二人携手现世身"句。——译者注

[4] 出自《万叶集》167。——译者注

什么样的"护神"呢？还能包括除政治、民族、物质和道德以外的东西吗？自然，当涉及这些问题和其他诸问题时，万叶人是闭口不谈的。简言之，宗教还没有进入他们的精神世界。反省内观的机缘，还没有降临到具有"清明心"的日本人身上。来自外国的思想，尚未具有适应日本风土的生命力。日本式灵性还没有觉醒。

万叶人的宗教思想，在平安时代经过长期的陶冶后，最终进入了深刻的内省阶段。而首次以日本的方式实现宗教自觉，则是在镰仓时代。这也是我接下来要说的。

平安时代

平安时代是相当漫长的。除早期之外，这是一个不受外国文化影响的时期，所以发展出了特别的日式之物。文化的中心限于京都。而日本全土，还有很多地方未被充分开发以供养京都。京都有政治，有文学艺术、美术、宗教和学问等，文化的各个方面都有了华丽的展开。而这些文化产品的创造者、享有者和欣赏者只限于社会上层。以宫廷为中心，围绕这个中心的贵族文化，就是当时日本文化的全部。因此，在某些方面它变得非常洗练，但在日本的整个背景下，这种文化也反映了受惠于物质享受的贵族们的颓废情绪。正如大家所说，平安文化的特点是纤细、女性化、婉约娴雅、多愁善感。这可以用"大宫人"[1]这个用语来概括。这里，又停留着形式僵硬的阴影。

如果《万叶集》可以表述为平安时代以前的日本情绪，那么《古今集》可以说是平安人的情调。在20卷的《古今集》中，讴歌自然的四季歌有6卷，恋歌有5卷。这难道还不能说明受惠于物质享受的贵族们，他们行乐游玩的心情是多么高兴欢喜吗？而且他们是多么泪奔感伤，动不动就哭，长袖总是湿湿的。人们都说像《源氏物语》[2]这样的文学作

---

[1] 指日本宫廷中的官僚。——译者注

[2] 日本女作家紫式部的长篇小说，也是世界上最早的长篇小说。以平安朝全盛时期为背景，描写了主人公源氏的生活经历和爱情故事。全书共54回，近百万字。大约成书于1008年。——译者注

品，世界上绝无仅有。但如果说这就是日本精神的代表——即便能这样说——那么也太可悲了。对于充斥了贵族生活的恋爱纠葛、政治阴谋、官能享乐、文字游戏以及修辞技巧的作品，我认为不应予以过高赞赏。由于作者是女性，应对其表示充分的尊重，但就仅此而已。《枕草子》[1]也应该被这样看待。比起《源氏物语》的厚重，《枕草子》是俊敏，但也仅此而已，于思想、热情、意气、宗教的渴望和灵性的震颤，这些作品没有什么值得学习的。可以说，产生这些女性作者以及各种日记、物语的平安文化，确实是优雅的，但除了显示某种意义的优雅之外，几乎无任何可取之处。

颇为庆幸的是，在与汉字和汉语文化的对立中，出现了日本字和日语文化。不过语言姑且不论，文字是一种脆弱的东西。平安文化由女性支配，可以说这是不得已而为之的，但我对公卿们的懦弱感到惊讶。确实，男人没有理由总是

---

[1] 日本平安时代女作家清少纳言的随笔集。其内容主要是对日常生活的观察和随想，取材范围极广，包含四季、自然景象、草木和一些身边琐事等。大约成书于 1001 年。——译者注

耸起肩膀，摆出争吵的姿态，但我希望他们要有知性、有深度。似乎怎么看深度创造都必须是男性化的。

平安时代的男性归隐于地方，中心的文化移转至女性化的公卿们手上。政治固然不用说，连学问和艺术也都相当形式化和僵硬化。所谓的"日记"只是先例的记录和仪式的备忘录。可以说根本就没有活生生的政治可言，叙位[1]和除目[2]的仪式就是"祭事"的全部。所有这些还与族长制度紧紧捆绑在一起。令人叫绝的是，这种状态竟然持续了300年到400年。之所以能持续这么久，一是因为太封闭，受困于岛内，与外国无交往；二是因为太荒芜，当时各地还有大片未开垦的土地。

在一个享乐主义被现实肯定的世界里，是没有宗教可言的。万叶时代的日本，还处于幼稚的原始状态，宗教无法发育。进入平安时代，日本人似乎多少有一些不错的想法，不

---

[1] 授予官阶勋位。——译者注
[2] 官员的任命仪式。"除"指罢除旧官指定新官，"目"指列入目录。——译者注

过京都的文化教育者太过关注现世。因为没有外来的刺激，所以也就没有反思的机会。也因为物资供应充足，所以艺术领域多有发展，但都缺乏深度。一般认为，日本人外在优美娴雅，内在缺乏力量和深邃。总之，在平安时代，看不到宗教意识的发展。日本式灵性的自觉，还没有发光闪亮。

有宗教之名就一定有宗教之实吗？未必。佛教自钦明天皇[1]时代传入，虽有后世神道的原形，但日本人还不具有宗教式的灵性直觉。在奈良时代[2]，人们兴建寺院，诵读和研究佛经。此外，佛像等壮观之物也先后出现，佛教的礼仪也得以盛行。然后，在平安时代，出现了许多杰出的佛教学者和佛教徒，其中包括传教大师[3]和弘法大师[4]。但是，恕我直言，日本人还不了解佛教，他们的内心还没有可以活用佛教的

---

[1] 钦明天皇（509 年—571 年），日本第 29 代天皇，539 年至 571 年在位。——译者注
[2] 奈良时代（710 年—794 年），始于元明天皇将都城迁至平城京（奈良），终于桓武天皇将都城迁至平安京（京都），年代因首都而得名。——译者注
[3] 最澄（767 年—822 年），日本天台宗开创者。——译者注
[4] 空海（774 年—835 年），日本佛教僧侣、书法家。——译者注

东西。

贵族享有物质恩惠并拥有政治权力——哪怕这只不过是阶位上的进退和提升——但宗教和灵性却无法从他们可以接触到的固化的文化资产中产生出来。担心生不出漂亮女孩而无法接近尊贵之人的烦恼、官位不升而无法发号施令的烦恼、缺乏文艺天赋和男人风采而不受异性欢待的烦恼——类似这样的烦恼，都不足以催生一种宗教。诚然，宗教具有对现世的否定意味。但它必须是来自心灵深处的感受，必须是灵性本身的战栗。从平安时代许多"物语"或"和歌集"中看到的诸如忧愁、无常、物哀等情感，都是淡然苍白的。而来自人的灵魂深处的呐喊，则似乎无处可听。

宗教并不是从对世俗利益的祈祷中诞生的，国土安宁与灵性生活没有直接关系。平安时代的宗教活动，通常与人们的集团生活有着某种联系，即使有对净土的憧憬，有爱慕阿弥陀的形式和思想表现，这些也都不过是一种情感美学或观念游戏，在概念上只是对现世的延伸而已。如果说平安人的净土观是现世的延伸，这意味着菩萨众[1]是在宫廷内外列队行走的公卿们和妻子们的概念化。歌舞菩萨其实是他们自身。宗教不只是宣告未来，未来只不过是其中的一部分。有些人认为谈论未来就不是宗教，他们错了。宗教确实具有超时间性，从这个意义上可以说，未来就包含其中。谈及"神道"，它是彻底的无时间性和无空间性，当然，也就没有未来和过去。因此，现世并不是真正意义上的现世。

可以说，宗教来自天上，但其实质是在大地。灵性以大地为根而存活。宗教的萌芽指向天空，但其根则深深地植于大地。由此可言，平安文化中是没有宗教的。所谓的平安人，是足不踏地的贵族。滋养京都的大地，在遥远的某个地方。启程去那里属于不受欢迎的任务，属于没有办法、不得不做的事情。尽快辞去令人讨厌的角色，成为享乐之都的人，是地方官员的愿望。日本人至今都不愿意出国，或许就是那个时代养成的习惯。400 年是一个漫长的时间。从亚洲

---

[1] 即觉悟的有情众生。——译者注

大陆分离，虽然身处小小的日本，但拥有大量未开垦土地的京都文化人，却随心所欲地享受着他们的"文化"生活。然而，他们在大地上没有根。缺乏作为宗教生命的灵性，那也是理所当然的事了。

大地性

毫无疑问，人们必须感恩太阳。没有太阳就没有生命，所有的生命都指向苍天。然而，生命怎么说也必须扎根于大地才是。不与大地连接的生命，就不是真正意义上的生命。天当敬畏，地当敬爱。无论我们怎样踩踏、敲打，大地都不会发怒，这是因为我们生于大地。当我们死后，就会回到大地的身边。而苍天，怎么说都必须仰望才行，它不会带我们回去。天远地近。大地永远是母亲，是爱的土地，没有比这更具体的了。其实，若不从这种具体性出发，宗教就不会发生。灵性的圣所，就坐落在大地之上。平安人感受到了自然美和哀愁之间的差异，但他们不知道如何亲近大地、施力于大地，不知道如何从大地获得安心。因此，他们无法感触大地的无限爱、包容性以及宽恕一切的母性。太阳腐蚀尸体并使其变得丑陋和不洁，大地则对此照单全收，没有任何怨言。不仅如此，大地还设法使其变得美丽，并为其注入新的生命。平安人喜欢拥抱美女，却忘记了连死去的孩子都会拥抱的慈母。这样说来，在他们的文化中，宗教无处可寻，这是再自然不过的了。

大地依据人的力量提供帮助。若人缺乏诚意，大地就不会协力。诚意越深，大地的帮助就越大。人可以根据大地的帮助，来衡量自己的诚意。大地不说谎、不欺骗，也不会被蒙蔽，就像一面镜子，真实地映照出每个人的心。大地并不着急。它知道，夏天要在春天之后才会到来，播下的种子，时节不到就不会发芽、不出叶、不展枝、不开花，因此也不结果实。大地不会做扰乱时序的事。因此，人从中学到了事物的有序性，并被教导要学会忍耐。对人来说，大地是一位大教育家和大培训师。人靠着这一点，实现了了不得的自我完善。

人之所以知天日之恩，是因为依赖大地。没有大地，我们无法感知太阳照射的力量。大地直接回应人的呼唤，而太阳很远，遥不可及。除了祈愿，人间之力难以企及。人对于天是绝对被动的，天让人恐惧而不被人爱。人只知道服从于天。如果有任何方法可以获得与天的亲密感，那就是通过大地。在与天直接交涉的过程中，人除了接受天意之外，别无选择。只要没有树木遮阴，太阳就让人感觉炙热无比；风吹雨落，能遮风避雨的只有岩下洞窟。所有这些都必须得到大地的帮助。春天的温暖，只有借助于大地萌发的花草，才能切实地被感知。

如果太阳只是让我们的身体感觉良好，那么对它的感激就不可能是普遍的。当我们和大地一起接受太阳的恩惠时，太阳就会走出这个肉身、这个人，并肯定其爱的平等性。真正的爱，必须在个人的深处有一个既非自我也非他人的空间。这里有宗教，有灵性的生活。宗教意识不能仅靠太阳来唤醒，而必须穿透大地。穿透大地，就是穿透大地与人之间存在的感应共交之地。如果你漫无目的地悬在空中，你则不会知道太阳的任何恩惠。如果你足踏大地，而大地是用自己的手以某种方式添加某些东西的地方，那么你就能通过大地感受到太阳。人通过大地感受天的运行。对天的宗教意识并不只是由天产生的，天降大地，人可触之。事实上，人知天的暖意，是手触碰的缘故。而大地之所以有被耕种的可能，是因为天之光洒落于地。因此，当宗教来自那些在亲密的大地上昼夜起卧的人——农民时，它是最具真实性的。大宫人不知大地，也缺乏知的能力。他们口中的大地只是一个概念，一个只能在和歌和物语中被触碰的影子。因此，平安人的情绪与宗教相去甚远。即便在佛教徒中，宗教也仅仅是出世的媒介，而不是深入自己心灵的标识。南都北岭[1]的佛教，普遍缺乏人性的真实，这是因为没有与大地直接接触。400年的"冬眠"，是一段漫长的岁月，但那是历史、政治和地理等诸因素迫使它这样做。不过，这一长觉没有白睡。

---

[1] 奈良平城京的兴福寺与京都北面的比叡山延历寺合称"南都北岭"。——译者注

平安时代，一方面允许处于中心的大宫人在恋的物哀、优雅、思慕的观念世界里沉睡和醒来，另一方面，身处地方的农民和武士则与大地保持着最直接的接触。因此，后者才是直面生命的存在者。无论是在政治上还是在思想上，应该取代平安大宫人的，都必须是直接统治农民的阶级，即武士。只有把握生命真实的人，才被允许成为集团生活的领导者。据说在中央不得志的人都去了地方，当时所谓的"志"，就是成为一名大臣 [1] 或纳言 [2]。因此，稍有气概的大和男儿——当时肯定有一些——不会为这种琐事烦恼。如果有机会，他们会离开京城，远走他乡实现梦想。一个大丈夫不应该只沉浸在追求时代的趣味中，比如模仿一个温顺的男人，或者像一只水鸟那样，去敲打咏唱和歌的女人们。他们肯定想过一种更为真实的生活。也就是说，他们想尝试一种贴近

---

[1] 日本的官阶之一，如太政官机构中的"长官"分太政大臣、左大臣、右大臣、内大臣等。——译者注

[2] 中国古代官名。日本律令制时代借中国的纳言之名，设大纳言、中纳言、少纳言，作为太政官的属官。——译者注

大地的生活——哪怕只是无意识的。在平安时代后期，这些
有为之人潜行于各地，积累了有形无形的力量。中央政府的
权威注定有一天会失坠，无论在什么意义上，都应该由那些
脚踏实地的人取而代之。

上述所说，在灵性生活中尤其如此。灵性可能会被视为
一种观念性的、飘忽不定的怪物，但没有什么比灵性更深入
地扎根于大地的。这是因为灵性就是生命。大地的底部，有
深不可测之物。飞翔之物，天降之物，虽然也都具有不可思
议之处，但怎么看，它们都属外部之物，而不是来自自己生
命的内在之物。大地和自己是一体的，大地的底部就是自己
存在的底部，大地就是自己。京都的贵族们，以及跟在后面
耷拉着脑袋的僧侣们，继续过着与大地没有交往的生活。他
们的风雅也好、学问也好、幽玄也好、优美也好，都是空中
楼阁，远离真实的生命和真正的生活。

在整个平安时代，没有出现一个具有灵性之人或具有宗
教人格之人，想来也是理所当然的。即便如弘法大师、传教大
师，也缺乏与大地充分的接触。他们两人的知性、道德和功

业，确实是日本民族的骄傲。然而不可否认的是，他们是贵族文化的产物，悉数具备了贵族文化所拥有的长处和短处。他们出世于平安文化的初期，因此我认为带有中国的特质，在他们的身上，缺乏平安文化所特有的柔弱、物哀、绚烂、纤细等情绪。然而，尽管相对于南部佛教，他们的佛教曾一度充满活力且是清新的，但随着时间的推移，却走上了一条与其他文化形态相同的形式化、仪礼化、审美化和技巧化的道路，似乎偏离了佛教的本来意义。不受中国文化的刺激，贵族们封闭于岛国，被京都的群山包围，靠地方经济维生，他们除了在风雅的游乐中度过一生之外，还以某种方式贪图权力。作为"氏族的骄傲"，欲取得显赫的"荣位"。追随贵族脚步的僧侣们，被他们拖着走，而不是作为出世者，引领这些贵族。

描写平安文化的人写道，当时的男人模仿女人，苦心于追求服饰美和容色美。任何读过当时"物语"的人，都会注意到"男人的服饰"是多么丰富多彩。裤裙之类可以由男女交替来穿。不仅如此，他们还在服装上熏香，脸上也没少涂脂抹粉。他们还奇奇怪怪地容易落泪，用语言描述就是"拧干衣袖""泪湿衣袖"。他们是如此的过度伤感，以至于会说："树叶散乱的声音和水流的声音，超越了孤寂本身。这一带似乎有一种可怕的、令人不安的气氛。"[1] 因此，僧侣的着装和各种仪式也不得不以贵族品位和女性情调为主。聚集在法会上念佛诵经的僧人们"美不胜收"。而且由于他们的服饰"有的是用紫色布料，有深紫色和浅紫色，宽松的和服裤长二尺，每次踩于脚下……上衣是浅灰袿裳，糊状斜纹布料，或素色或纯色，光泽艳人，覆以六层薄棉"[2]，所以很难描述。"沉香之香，无量无边，衣饰染香，舞起香闻"，嗅觉世界也是一道独特的光景。书中还写道："头上插花、脸上涂饰红白色""声音稚嫩、纤细而优美，幻如迦陵频伽妙音鸟[3]之声"。很显然，宗教行事的方式也都是易感的。

　　这样的生活并非毫无意义，但如果有人只是乘虚而入地利用它，最终只会让自己陷入危险。平安时代的文化，不得

---

[1] 出自《源氏物语·桥姬》。——译者注
[2] 出自《荣花物语》(为平安时代的编年体历史故事)。——译者注
[3] 佛国世界里的一种神鸟，其形象常是人首鸟身，形似仙鹤。——译者注

不为来自大地的文化所置换。当时大地的代表者，就是在地方拥有地盘、直接与农民打交道的武士。由此，大宫人无论如何都必须在武家门前低头屈服。这并不是因为武家拥有武力，而是因为他们的脚跟深深地扎于大地。历史学家或许会说这是经济实力和物质实力带来的结果，但我说这是大地之灵带来的结果。

所谓大地之灵，也即灵的生命。这种生命必定是以个体为基础而生成的。个体是大地的连续，根植于大地，又归于大地。大地之灵在个体的深处呼吸。由此，真实始终存在于个体之中。可以说，个体拥有与观念世界相对立的一极。平安时代的佛教立于观念的一极，因此它追随贵族文化，无法摆脱游戏的情绪。《古今集》有诗云：

这个世界是梦还是现实

委实不知道

这既真又假的世界

如果我们满足于这样的状况，就看不到宗教的世界，也窥见不到灵性的未来。有人可能会认为，当说出"忧伤""寂寞""厌世"等的时候，佛教似乎就已经存在了。不过，在平安时代，没有什么东西是从大地萌生的。我刚才写过，武家取代贵族，不应该被理解为通过实力取代。虽然武家有实力，但这并不是武家的强势所在。武家的强势，在于扎根大地这个事实。当然，武家也并不总是以大地为根基的。武家有实力，武家与实力密不可分。不过，武家一旦不扎根于大地，实力就会很快减弱。公卿文化因其纤细而消亡，武士文化因其暴力、专横而消亡。实力和大地不是一回事，有些人只有实力。如果连贵族都都惠顾大地，就不会发生像平安时代这样的事情了。这一点我们必须深入思考。取代平安时代的镰仓武士有力量，除此之外，他们还有灵性生命。如果只有力量，或许镰仓时代的文化就无法建立。镰仓文化里住着生命之灵这一事实，也可以从宗教方面看出。

平安时代太过人化。可以说，到了镰仓时代，灵性的自然和大地的自然，让日本人回归了本真。

日本式灵性的自觉——镰仓时代

可以说，正是到了镰仓时代，日本人才真正实现了宗教觉醒，过上了灵性生活。当然也可以这样说，平安时代初期，由传教大师和弘法大师所立之物落地生根，然后发芽。在此之前，日本人还没有意识到灵性世界的存在。从宗教思想方面来看，镰仓时代出现了日本精神史上空前绝后的景象。400年的平安朝并没有白费，它为镰仓时代做好了准备。正是有了这些基础，镰仓时代的春天到来了。在这里，美丽的思想之花开始绽放。700年后的今天，这些绽放的花朵在很大程度上养成了我们的品性、思想、信仰和情调。我相信，今后这些养成之地或将成基础，在此之上打造出世界级的新事物。这里有当今日本人的使命。那么，镰仓时代的文化，其思想和信仰的特点是什么呢？

先从佛教方面看。我首先要指出净土思想的日式新发展，即净土宗、真宗以及其他的他力宗派的出现。这方面主要是宗教信仰，日本人的生活因这个方面而被赋予了深度。其次是禅宗的传入。禅宗经由中国传到日本，但传到日本后几乎失去了原本（传来之际）的性格，成了日式之物。禅，被日本人认为与其性格原本就密切相关。当它从中国传入后，立即被知识阶层，尤其是武士阶层接受。随后，禅就渗透到整个文学和艺术领域，甚至成了日本人生活的一个基调。再次，我们不能忘记日莲宗[1]的兴盛。由于日莲宗在思想上与"蒙古袭来"[2]有关联，因此它又添加了一层政治色

---

[1] 日本佛教主要宗派之一，在镰仓时代中期（约13世纪）创立，也称为法华宗。狭义指以日莲为宗祖的宗派。——译者注

[2] 也称元日战争，是元朝皇帝忽必烈与属国高丽在1274年和1281年两次派军进入日本而引发的战争，日本人称这两场战争为"蒙古袭来"。——译者注

彩，即爱国情绪和国家主义之类的东西。镰仓时代的特点之一是对外性，这使得日莲宗之类的宗教应运而生。

另一方面，镰仓时代还出现了成为伊势神道源头的《神道五部书》[1]。两部神道[2]是从佛教的角度看待神道，而《神道五部书》则是从神道的角度，试图对佛教等从外部传入并被接受的东西，做日本思想的统一。我不确定在这里使用"神道"一词在科学上是否恰当，但请从常识和一般意义上加以理解。我认为，刺激神道思想和日本人自我意识提高的外部因素之一，还是蒙古袭来。我们的祖先自平安时代以来，一直在东亚的孤岛上沉迷于桃花源式的梦想，但当他们突然看到一股敌对的外部力量进来时，便不得不重新认识所谓的自己。他们向具有国家渊源的神社参拜祈祷，自然是不言而喻的，但我们还不得不思考占据空间存在的神社，其思想究竟

---

[1] 是伊势神道的根本经典，五部书是：《天照坐伊势二所皇太神宫御镇座次第记》《伊势二所皇太神宫御镇座传记》《丰受皇太神宫御镇座本纪》《造伊势二所太神宫宝基本纪》《倭姬命世记》。——译者注

[2] 又称两部习合神道，指以佛教真言宗的立场解释神道。——译者注

是什么的问题。在我看来，蒙古袭来对日本人内省生命的发展产生了非常大的影响。研究者往往有仅从政治方面来看待镰仓时代的倾向，但要想真正追溯日本人的精神以及灵性发展，最有必要从思想角度来研究镰仓时代的历史。在万叶时代，日本精神还只不过表现出一种原始的、婴孩似的朴素性。在平安时代，人们还没有机会深刻反省自己，以发现潜藏于人性底部的灵性。但与此同时，由于政治大变动，即从内部和外部而来的各种势力的进出，在此基础上以顺缘和逆缘的方式逐渐养育而成的日本人的精神和灵性，也感受到了源于根底的危机。我们不得不估量自己所拥有的东西是否真能抵御这些袭击。两部神道和《神道五部书》出台的动机就在这里，尽管是无意识的。不过，它主要带有的是政治色彩，这也是可以预期的。

神道原本是一种政治思想，严格来说，并不是一种宗教信仰类的东西，神道也不显现灵性及其本身。当试图将神道朝宗教方向转换时，那就必须接触所谓"外来"的思想以及情绪，并摄取这些"外来"思想来养育自己。由于这种矛盾性是神道内部所固有的，因此在某种场合，它有与其他精神之物发生冲突的危险。然而，《神道五部书》则显示出足够的包容性。在五部书中，这种思想还没有发展到带有排他性的程度。在这里，原本的政治性之物在各种内部和外部的情境中获得了自省的机会，进而朝着宗教思想，即灵性觉醒方面深化和扩展。在神道中，可以说我们只能看到它的一些萌芽。当然，若与同时期的净土宗等有组织的发展相比，不得不说神道还"远远不及"，但毫无疑问，五部书是"日本精神"的一个自觉。真正的灵性尚未到来。

如此而言，在镰仓时代，真正意义上的宗教信仰、思想和情绪，一言以蔽之，即灵性得到了全方位的发展。但在谈论日本净土思想时，学者们通常将其与末世思想 [1] 相连。不过，我未必这么认为。我们必须先考察末世思想是否像学者所说的那样，在当时的日本人中间广为流布。传教大师——这位尊者的末世想法，一定是在佛教学者中传播的吧。不

---

[1] 指释迦牟尼佛死后，佛法衰落和人心荒废的世界。——译者注

过，佛教学者并不是指全部的佛教徒和非佛教徒。当时，普通的佛教徒在多大程度上表现了对汉文经典的亲和感呢？传道者又在多大程度上向一般民众扩展了佛教意识？从佛教诞生之初，在印度、中国和日本就有破戒无惭的僧侣存在，并且还将继续存在。然而，一般民众对佛教究竟了解多少？他们也有末世思想吗？在平安朝，如果有所谓的佛教知识一说，那么这一说法也仅限于一些佛教学者。来寺院或为僧侣提供服务的贵族，从一开始就没有这方面的知识，更不用说信仰了。他们仅把佛教视为一种娱乐，许多僧侣对他们也没有提出更多的要求。即使政治遭遇腐败，即使社会秩序和民众的生命财产受到威胁，那也不是所谓的末世。当时的佛教还没有普及到让他们有这种感觉的程度。当时的佛教——现在也是这样，可以说与政治和社会生活几无关联。如果净土宗因末世思想的盛行而被倡导和接受，那也只与少数僧侣有关，绝非普遍现象。这里，我想说的是，如果净土思想已为一般民众所接受，也并非末世思想的缘故，而是时代的颓废导致民众独自反省自己存在的意义的一个结果。日本式灵性的觉醒，就是从那时开始的。

末世、末世，好像任何时代都这样说。说世界到了末日，或说浇季之世[1] 等话的，其实并不限于日本佛教，中国过去也一直这么说。我不知道日本情况如何，更不知道从神代到人代，是历史的进步还是退步，总之，"世界到了末日"是每个人都会说的。这样的词语即使出现在"物语"或"日记"中，那也是读书人的常用语。特别是那些一说什么就眼泪汪汪的平安朝的文弱公卿们，末世只不过是他们的牢骚话而已。净土思想能以这样的方式在普通民众中广布流传是难以想象的。[2] 那么，在平安时代，佛教是以怎样的方式向民众传道的呢？由于这在历史上还未被完全知晓，因此有必要缜密地研究佛教信仰和知识的普及程度。我想说的是，只要研究结果还没有出来，即使僧侣言说末世，即使知识阶层的感伤之人也在雷同地重复言说末世，也与当时净土思想的传

---

[1] 浇季，指风俗浮薄的末世，语出中国古籍。作者铃木精通中国古籍，用了"浇季"这个词。——译者注
[2] 虽然我现在不会去查阅文献来证实这一点。——作者注

播没有关系。可以这样说，如果僧侣和知识人因自己的堕落而言说"末世、末世"还有一定道理的话，那么他们的生活总是让普通人难以望其项背，因此普通人不可能生出"末世"的感觉，尤其是在平安时代后期。此外，净土宗，尤其真宗何以能够流传至庶民阶层的？我相信，这与绝对他力教义[1] 的特质里包含了宗教原理有关，与当时巧合地处于日本人精神的第一次宗教觉醒有关。这里，我想谈谈日本式灵性的觉醒。

若问真宗所蕴含的具有浸润日本人内心之力的这个力究竟为何物的话，那就是绝对他力和大悲力。灵性之门在这里开启，这里一定是净土宗的究极之处。真宗充分地捕捉到了这一点，因此它能成为庶民的真宗。净土宗必须做到这一点，才能与最初的使命相称。与净土宗所教导的"净土"相比，绝对他力才是真宗的本质。说这块土地是秽土，往生彼

---

[1] 绝对他力是佛教的教义之一，是由镰仓时期创建净土真宗的亲鸾所倡导的。简言之，这是一种实现往生极乐的方法。它教导人们，通过对阿弥陀佛的绝对信任和真诚的祈祷，能够走向通往极乐净土的道路。——译者注

土则能过上清净生活——"嘿，我们去吧"，其实，这并不
是净土宗的宗旨。净土宗之所以宣扬净土，是因为在净土中
我们能挣脱业力的束缚，获得开悟。往生净土是手段，开悟
才是目的。能如此这般地往生净土，是弥陀的他力所致，而
这对于为业力所因之人来说是无法做到的，他们必须用绝对
他力来体认这个超因果的世界。因为教义的名称就是"净
土"，所以让人以为一切皆止于净土，其实净土并不是这样
的地方，它更像一个临时停车场，人们暂时在此等待通过。
我们不应该将末世和净土做对比思考。如果要对比，就必须
将其放置于业力[1]因果观和得证解脱的横超[2]生活之间。从业
力中解脱出来，逻辑地看就是般若的即非观，但若从宗教信
仰的角度来说，是为无缘大悲，即弥陀的誓愿所救助。将净
土与末世观相连，就好像是现世的延长，这不是宗教，而是

---

[1] 佛教用语，通常指与业果相联系的力量，指个人过去、现在所有的行为引
　　发的各种集合所产生的结果。——译者注
[2] 佛教用语。通过阿弥陀佛的本愿之力跳越迷途世界，往生净土。属真言宗
　　所传授的他力净土法门中的绝对他力的教导。——译者注

对极为低级且安逸的"物质主义"和"个人主义"所做的呼应。这就是为什么唯物论者说宗教是鸦片，他们试图以这种方式妖魔化大地之灵。佛教的真实——那些通透于灵性本体的人，不应有此等念头。

在纯粹的他力教中，来世可以是天堂，也可以是地狱，亲鸾圣人在《叹异抄》[1]中如是说。这是真正的宗教。净土教能走到这一步，绝非一朝一夕之事。受贵族文化的影响，平安时代的净土观是这片土地的延伸。这样看来，念佛是净土往生的方法论。惠心僧都[2]的净土观仍然具有丰富的现实性。菩萨来迎图[3]具有强烈的平安时代的风格。直到法然上人，我们才触碰到宗教的本质。然而，不得不说的这幅来迎图，仍然存在问题。《敕修御传》[4][5]卷26里，有法然为甘

---

[1] 日本净土真宗之重要圣典。亲鸾寂灭后，真宗教义产生分歧，唯圆有鉴于此，乃以亲鸾晚年言行、思想为圭臬，针对当时之异义，加以批判，而撰成此书。——译者注

[2] 即源信（942年—1017年），日本天台宗高僧。——译者注

[3] 即《阿弥陀二十五菩萨来迎图》。于奈良兴福寺收藏。——译者注

[4] 也叫《法然上人行状绘图》。——作者注

[5] 法然上人根据天皇命令所纂辑，共48卷。——译者注

糟[1] 的太郎忠纲辩解曰："弥陀本愿，不言机善恶，不论行多少，不简身净不净，不嫌时处诸缘，是故不依死缘；罪人即以罪人念佛往生，是本愿之不思议也。生于弓箭家之人，设虽战场失命，念佛而终，乘佛本愿，必蒙来迎，切莫怀疑。""罪人即以罪人念佛往生，是本愿之不思议也"这一句，在很大程度上贯彻了他力宗的妙义，但"来迎"这个词语，似乎怎么看也是平安朝情绪的余韵。事实上，法然上人扮演着从平安时代到镰仓时代的桥梁角色，不失为日本精神史上的名角之一。

代表真正的镰仓精神和大地生命，且最无遗憾的人是亲鸾圣人。亲鸾在法然上人的门下大彻大悟了他力之大义，然而通过大悟与大地发生接触，却发生在他被流放北国[2]、漂泊

---

[1] 相传，甘糟氏族起源于清和源氏新田氏流的田中弹正大弼重氏的第四个儿子甘糟备中守广氏，是越后国古志郡的一个豪族。——译者注

[2] 这里的北国指越后国。属北陆道，领域范围相当于现在的新潟县。1206年，法然的两个徒弟住莲与安乐二人，私自为两个宫女剃度。土御门天皇大怒，住莲与安乐二人被处死。法然与亲鸾及其余徒弟六人，被取消僧侣资格后流放。法然被冠上藤井元彦这一俗名后，流放到四国岛。亲鸾则被冠上俗名藤井善信，流放到越后国。——译者注

关东[1]以后。只要身在京都，就无法摆脱贵族文化的观念论。法然上人也是如此，如果他待在地方的时间再长一些，就能在心境上感受到更多的东西，但因年事已高，未能如愿。亲鸾圣人还年轻，因此传承了法然上人的衣钵。这两人在人格上无可分离，真所谓前仆后继、珠联璧合。因此，如果亲鸾圣人没有在地方山野浪迹这么多年，那么他就不可能领悟绝对他力。亲鸾也应该对自己说，他很庆幸自己被流放到北国，有机会向偏远地区的人们传布佛法。来到偏远地区，加深了他自己的宗教体验。我不是专家，无从知道亲鸾圣人没有立即从北国回到京都的外在的、历史的原因是什么，但从亲鸾的内面生活来看，毫无疑问，在地方的生活，亲近大地的生活，使他最终能够深深体会到弥陀的大悲。我想，他有一本《消息集》[2]——一份记录那些没有离开大地的人们的文书——这一事实反映了镰仓文化的精神。他在东国生活了

---

[1] 亲鸾从 42 岁开始了他长达 20 年的在关东一带的传教，当他 63 岁回到京都时，关东各地已培养、留下了他的大批弟子。——译者注

[2] 与弟子往来的书信。——译者注

20 年，这绝非单纯的历史巧合。不难想象，这段漫长的东国生活对真宗思想的发展产生了多么大的影响。我确信这影响一定是巨大的。真宗总是不忘地方。即使在今天，如果我们想起真宗教派的地盘在地方，那么可以理解为，这与其说是来自教理，不如说是来自信仰的大地。日本式灵性是不能离开大地的。那些说真宗主要是念佛或教导净土往生或其他什么的，都没有认识到真宗信仰的真髓。真宗是以信奉弥陀誓愿为其根本的。所谓信奉誓愿，就是执着于无缘大悲。我相信，真宗信仰的生活就是超越因果，不受业力报应的束缚，抛开所有烦恼，不顾一切地将自己投身到无碍悲光[1] 之中。在这块土地延伸的净土往生，可能存在，也可能不存在。只要自觉到为无碍光所包摄，那就足够了。念佛源于这种自觉；说从念佛中产生自觉，那就说反了。无论如何，首先，人必须被无缘大悲"摄入"一回。

而这种"摄入"，让我们感觉自己深深扎根于大地。我

---

[1] 阿弥陀佛发出的十二种光之一，是不受任何阻挠的救世之光。《教行信证》有云"光云无碍如虚空"，故佛又号无碍光。——译者注

们必须觉悟到，现世的烦忧和艰辛，悉数由于远离大地并试图只为自己而活。厌现世之苦，向往彼岸净土，这不是真宗的本义，也不是日本式灵性的独特之处。这是一种大众化、世俗化的信仰，而不是他力真相。这是贵族文化的残渣。

净土宗常说的所谓"地狱必定"，其实并不是说生死就在彼岸。这就像十万亿土的净土一样，不要以为如果净土在西方，那么地狱就在东方或其他地方。这是平安文化遗留的一个含糊不清的观点，是因对这片土地认识不足而产生的。这并不是说这片土地上有地狱和极乐，当我们的思考朝着游离大地的方向发展时，那么地狱和极乐并存。当我们意识到自己就是大地本身时，这就是"毕竟净"[1]的世界。思考本身就是大地，大地本身就是思考。那里闪烁着大悲之光，有大悲的地方就是极乐，没有大悲的地方"地狱必定"。真宗信仰的极致就在这里。我自言自语：一定在这里。这里有日本人宗教信仰的自觉，当然，也可说是日本式灵性的自觉。迄

---

[1] 日语有此说法，指真正的美好本身。这里之所以使用原词，是想表现铃木深厚的汉学功底。——译者注

今为止的文化进程，都是为此而做的准备工作。这里一旦有了真正的觉悟，日本精神史的发展就确立了坚实的方向。[1]

综上所述，日本精神史至镰仓时代发挥出了它的真正意义，佛教的真实性此时也为来自大地的灵性生命所触动。因此，一方面无缘大悲作为问题被提出；另一方面，在知的直觉性上融入了日本人的性格，同时还在艺术生命方面成就了独特的表现力。这就是绝对他力和教外别传[2]的禅。然后是日莲宗，它与日本政治和国家思想相结合，更是形成了佛教中的一个派系。《神道五部书》的产生，也是以民间信仰为台柱的，神道参与政治思想，接受外来思想和信仰，并受到这些思想和信仰的扶植与刺激。在当时的政治环境中，《神道五部书》的写成就是神道试图将自己提升到宗教内省的高度的体现，这也极大地促进了随后各种神道思想的发展。在这一

---

[1] 可以说，在这方面真宗信仰与日本人的性格相符。不过，这仍然是个不详细解说就难以明了的问题。接下来我想解说禅在日本精神史上的意义，但这次就此打住。——作者注

[2] 佛教术语。表示禅宗要谛的语言之一，指的是在不使用经文或其他书面或口头语言的情况下，开悟也能直接以心传心。——译者注

篇章中，笔者只触及了他力思想的一小部分。

近代日本的历史环境与镰仓时代极为相似，甚至更为压仄。各种异质力量来势汹汹，不仅体现在国际政治领域，而且还涉及思想、信仰以及技术等各个方面。这些方面未必是敌意性的，异质性并不意味着敌意性。然而，由于它们的异质性，其在与镰仓时代之前和之后的日本文化相遇之际，旨趣有着很大的不同。我们绝不能用单纯的以我为主的自尊及排外态度来与之对抗，事实上这是一种能够导致自我毁灭的心态。无论你曾经多么有为奋发，无论你能看到多少成功的光影，幻灭的时刻一定会到来。有史以来，武力、机械力、物力之间的抗争，仍是属于细枝末节的，在推动历史进程方面毕竟还是要靠弘扬灵性、信仰与思想。而这种灵性和信仰，必须通过思想和现实的洗练。佛教徒在这个场合的使命，绝不能是迎合时局的。我希望日本人能够充分认识到自己在世界上的使命，并且拥有具有广度、高度和深度的思想。恳切地希望日本人尽其所能。

日本式灵性的显现

日本式灵性的胎动和佛教

佛教与"外国传来"的思想

在我看来，最具世界意义的日本文化资产之一，可以而且必须以其原本的形态，值得向世界宣传推广的，就是佛教。佛教确实是日本式灵性的自觉显现。

提及佛教，很多人只是单纯地认为佛教出自印度。印度不是日本，所以佛教是外来的，从国外引进之物都不是日式之物。不仅如此，还有人认为凡是外来之物都应该加以排斥才是。如果佛教是外来的，就无所谓它有多少世界价值了。换言之，佛教也应该被排斥在外。这里，如果仅以表面的外来之物这个理由加以排斥，那么可以看看我们今日的生活方式，大半都是外来之物，而且有相当多的东西可以说是我们模仿别人的产物。也就是说，首先那些穿西服、戴帽子、套靴子的人，可能会被问是日本人还是西洋人。即使我们不厌其烦地说这是日式的、日式的，也还是被严格质疑究竟有多少才是真正的日式之物。就时代顺序的思考来看，日式之物应该定格在古代——平安时代、镰仓时代或更晚的江户时代为好，还是推至整个明治时代为好？明治时代的话，是初期还是后期为好？类似这样的想法是颇为含糊的，而且与各个时代甚无吻合之处。就事实而言，"日式"并不是一个明确的概念。从实际生活方面来看，我认为如果什么东西有用，就应该立即做出来——无论是国外的还是日本的，在这方面推进实用主义，就不会有太大的问题。然而，当涉及思想、情感和灵性等问题时，情况就完全不同了。我们不能只从表面的、区域的或时间的角度来思考什么是日式的。如果仅从时间上来说，佛教传入日本已经有1000多年了。千年，说长也长，说短也短。浦岛太郎 [1] 去龙宫，感觉时间很短暂，但回到故乡，发现自己熟悉的人都死去了。如果你闭上眼睛，1000 年或 2000 年很快就会过去，并没有什么了不起。但是，如果我们的预期寿命是 50 岁、60 岁或 70 岁，那么 1000 年是 70 年的 10 倍之多，但还不到 20 倍，到 20 倍要花费更多的年数。佛教花了这么长的时间，才在日本的土地上种植、发芽、开花、结果。我对植物和动物知之甚少，但植物离我们的视线很近。因此，即便是门外汉，也能近距离地观察它们。

比如，如果把日式牵牛花带到国外种植，当年开了日本花，但第二年花会变小，好像变回到原先的牵牛花。日本去年 [2] 从荷兰引进了郁金香和风信子等花草，第一年还好，但两三年后，当时移植的花的样态就消失殆尽了。一旦它们被日本风土同化，几年后，就会出现所谓日式的郁金香和日式的风信子。据说，高山植物下移至平原，成为平地植物，还

---

[1] 日本古代传说中的人物，最早现于《日本书纪》。此人是渔夫，因救了龙宫中的神龟，被领到龙宫，受到龙王女儿的款待。——译者注

[2] 20 世纪 40 年代。——译者注

需要两三年或四五年的时间。不得不说，虽然它原本是高山植物，但现在变成了平地植物。在日本，菊花的栽培非常盛行，北国尤甚。不过，有一年[1]去英国，我发现伦敦也盛行种植菊花，还举办了菊花展。英国人和日本人对花草的趣味不同，因此他们的花卉工艺也不能同日而语。不过，英国人有自己的杰出的花草造型，我们不一定要用日本的标准评判之。我认为，菊花最初是从中国传到日本的，但到了日本就成了日式的，到了欧洲就成了欧式的。如是这样，就不能说菊花原本是中国的，到了日本还是中国菊，到了欧洲还是中国菊。如果每朵菊花在不同的地方都能展示出自己的特色，那么就可以说保全了菊之所以是菊的缘由。我们不应该只用地域的眼光看待菊花，而应该着眼于菊花本身的生命所在。当然，就精神文化而言，移植后的风土化就不是 1 年、2 年、10 年、20 年、50 年甚至 100 年的问题了，而是至少需要 200年或 300 年的岁月。这或许因民族的不同而多少有些不同。

---

[1] 这里指 1936 年铃木大拙去英国剑桥大学。——译者注

因此，如果说佛教传入日本已有1000多年，那么可以说，让其成为日式的已经经历了足够长的时间——尽管它最初来自印度。但如果我仅仅说佛教已经日本化，变成了日式的，或者干脆说佛教就是日本的，那么对这个问题的讨论并没有结束。我的论点是，先将日本式灵性置于主体性位置上，再在这个基础上去思考佛教。这并不是说佛教从外面传来，在日本落地，经过数百上千年的风土化过程，渐成日本人生活方式的一部分后，就不再是外来之物了。在我看来，日本式灵性一开始就存在于日本民族之中，而这种灵性恰好遭遇了佛教之类的东西，并从自身内部显现出其本来所具有的底色。在这里，我认为非常有必要认识日本式灵性的主体性问题，让我稍做尝试性的解说。

据说距今2300年到2400年前，佛教在印度兴起。在1000多年的发展之后，佛教在印度绝迹，然后一方面通过中亚，另一方面通过南海——这次因战争 [1] 而闻名的南亚——

---

[1] 指1941年12月以后日军入侵南亚诸国的战争。——译者注

传入中国[1]。这也就是说佛教是分别从北、从南传入中国的。然而，佛教并没有以印度固有的样态被中国接受，这是理所当然的。

佛教刚传入中国时，中国人是反对的。佛教最初传入日本时，也遭遇了抵抗。众所周知，即使将西洋之物带入日本，也有反对者。听说在明治维新的时候，有些人看到电线，就指责这是妖魔或切支丹[2]。而留有发髻的人，则用扇子遮盖头顶，从电线下面通过。现在回想起来，这些当然是不可思议的笑谈了，但对于当时做出这些事情的人来说，无须怀疑，这是他们颇为认真的情感流露。明治维新至今已经有七八十年了，因此我们会说这些事情是"多么的愚蠢"。80年前，日本人关于电气的观念与今天相比是多么的不同。所以时间这东西，也不仅仅是由时针刻度的。钟表的滴答声，也标志着我们的世界观和日本民族观的转变。滴答滴答，也

---

[1] 印度佛教最初传入中国的年代尚无定论，学界一般认为是在公元前后两汉之际。——译者注
[2] 天主教徒。——译者注

能显现重大意义。

当新生事物第一次传入时，对其加以反抗，可以说是人的自然天性，这无关乎哪国国民。但即便是天性，自然也有保守派与应该被称为新进或改造派的进步派之分。保守派中的老年人居多，老年人的思考方式和年轻人的思考方式，在某些时候必然会发生冲突。孩子们不可避免地带有反抗父母的倾向。一方面可以说，天下之争乃年岁之争；但在另一方面，也有无法仅根据年龄来规制的场合。人的心理和自然感情是相当复杂的，如果简单地接受所有东西，就会导致巨大的失败。年轻人反对老年人是常态，但人伦使孩子顺从父母。即使父母死了，孩子3年内也不改遵从之制。即使自己家里住的人上年纪了，或者一个长期和自己过着家庭生活的人去世了，他所做过的事情，也必定是难以被替代的。你想把那个人使用过的道具按原样摆放在那里。从这个意义上说，我想原封不动地保留父母所做之事，即使是3年、5年或者10年。同时，我也决意想干父母干过的事。父母是这样做的，因此我也想这样做，这是一种不假思索地实践着的保守主义。实际上的便利或不便、合逻辑或不合逻辑，都成为次要的了。我认为，尊重父母的遗愿并按其遗愿实施之，这是人的自然天性，并不是子女对父母、父母对子女的问题。不过，也有这样的情况，比如，我一直忍不住想做一件事，但因父亲拖后腿而不能为之，现在他走了，哇，这下可好。转换角度看，可以说这根本不是一件坏事。这种想法本身是好是坏另当别论，但仅就心理层面考虑，不难理解年轻人的感受。一方面，我们10年、20年都不能改变祖先的传统，更不用说3年了。另一方面，我们又在迅速地、无时无刻不在改变着传统。在现实生活中，如果我们不能很好地互相节制与调和的话，那么唯有乱世会持续下去。

一个社会当然不能等同于一个家庭，两者截然不同。虽然对于单个家庭来说，固守传统可能没什么问题，但当涉及社会或国家这种大集团生活实体时，所谓的家庭主义就不能按原样套用了，而且在许多场合也无法套用。今日所谓的社会和国家，拥有相当复杂的组织系统。此外，并不存在一个所谓完全孤立的国家。说起国家，极端而言，必然有与其对应的一个或多个国家。一个国家是国家集团中的国家，它绝不可能是独立孤行的。由于每个国家都有自己的传统、历史和特异性，因此一个国家不能将自己的主张任意地强加于另一个国家。国家之间必须相互尊重各自的传统。然而，在人类世界，就像在其他任何地方一样，各自仅仅固守自己的传统并按其生活是不够的。时代的发展从未停止过，若我们每个人还固守其传统，延续其特殊性，就会出现某种相互影响的事象。国际问题就是从这里生出的。于是，在某些场合，在固守自己应该固守的东西的同时，如何应对环境变化的问题，就显得极为重要。一旦缺乏这种应对，那么甚至可能连自己的传统都无法保证。特别是现代科学的进步，机械生活的发展，商业交往，各种眼花缭乱的思想的发生和传播等事象，使得国际交往变得日趋频繁。因此，在各个国家内部发生的诸事象的混乱，还是超出了那些很久之前守卫绝海孤岛的人们的想象。它不再是一个家庭内部老人与青年的冲突，而是整个国家、民族的兴衰都必须被赌上的骚动。

佛教在中国

话归正题。佛教从印度传入中国时，这种思想的涟漪之所以被中华民族接受，是因为中国原本是个实用主义的民族，是一个善于运用实证的民族。以实用主义、实证性为特征的民族通常不喜欢离开土地。离开了土地，就不能随心所欲地祭拜祖先。在一个重祭祀的国家，断子绝孙是极大的不孝。在佛教，和尚出家，遵守着独身生活和不杀生的戒律。然而，由于中华民族的祖先崇拜习俗，断子绝孙是万万不可的，因此人们必须结婚生子。没有孩子，就不能孝敬父母。断绝祖先的传统，以不孝为上。由此，佛教生活与中国人的传统发生了正面冲突。还有，为了祭祀祖先——就像今天中国人也在做的那样，他们供奉各种动物，或煮一整头猪，或一整只羊，甚至还有一头牛，并对此大做文章，称其为"大牢"[1]。如果不这样做，三牲不全，祭祀的完整性就谈不上。

---

[1] 也叫"太牢"。古代帝王或诸侯祭祀社稷时，牛、羊、猪三牲全备为"大牢"。——译者注

如果对祖先的祭祀缺乏足够的仪式感，那么作为后代，没有比这更不孝的了。在这种背景下导入佛教之类的东西，不得不说是非常困难的。佛教教义暂且不论，仅从这些方面看，我认为汉民族是非常排斥佛教的。虽然是排斥的，但从佛教理论方面来说，中国人对印度人提出的佛学思考，并未拥有可以抵抗的东西。

印度这个民族，就政治和国家治理方面而言，都不是很有趣。最近虽有一场独立运动[1]，但人们对生活并不满意。我不知道未来会发生什么，不过印度民族是一个全身心投入宗教和哲学的民族。因此，印度人初次见面时的第一句寒暄语就是："你的宗教是什么？"这表明他们对宗教的关心度很高。与此相反，大多数日本人对宗教并不十分了然，他们会这样问："喂，我家是什么宗？"人死后，操办丧事的人会

---

[1] 印度独立运动可追溯至1857年印度起义。从20世纪20年代开始，甘地的印度国大党主张非暴力和公民抗命。在二战期间，印度国大党发起"退出印度"运动，要求英国退出印度。1947年，《印度独立法》颁布。1947年8月15日午夜，印巴分治，英属印度的历史结束。——译者注

突然大惊小怪地发问"是真言宗 [1] 还是真宗？喂，究竟是什么呢"，并赶往某个有熟人的寺院。根据各个城市的不同，虽然也有专职人员能自由自在地为真宗、禅宗、真言宗或其他任何教派提供吊唁葬礼服务，但首先就这点而言，可以看出许多日本人对宗教处于一种漠不关心的状态。

印度人似乎并不是这样的，我认为今天能出甘地 [2] 这样的人物，是他们的骄傲。而且，我们日本人也应该为世界上出现这样一个人物而深感为荣。甘地坚持自己的原则，以非暴力主义来实施抵抗，不诉诸武力和权力，并对此贯穿始终。他自己的生活完全是圣徒式的。我认为，这样的人只能诞生在印度。在印度之外，再怎样努力也不会出这样的人。正因为有了这样的人，印度必然会在全球使命中发挥某种作用。对此，我确信不疑。

---

[1] 真言宗是由空海在 9 世纪初开创的日本佛教宗派。——译者注

[2] 甘地（1869 年—1948 年），尊称圣雄甘地。印度国父，印度民族主义运动和国大党领袖，他带领印度独立，脱离英国的殖民统治。他的非暴力哲学思想影响了全世界的民族主义者和那些争取和平变革的国际运动。——译者注

这样想来，印度风和中国风是完全不同的。我认为从哲学和宗教方面来看，中国人也远不及印度人。在思想、理念、哲学、宗教伦理等所有方面，中国人并不反抗也不反驳印度式的东西。但从实际操作层面看，中国人却强烈抵触佛教。这是因为中国人信奉断绝祭祖就是不孝的观念，并为此强调之。因此，当佛教传入中国后，就被中华民族的思想同化了。也就是说，印度佛教虽然具有印度元素，但同时又摄入了中国元素并变得中国化。中国佛教就这样诞生了。

至于中华民族和在印度创立的佛教是如何融合的这个问题，答案有两个：一个是禅宗，一个是净土宗的念佛。当然，中国也出现了天台宗[1]、真言宗、三论宗[2]、华严宗[3]等佛

---

[1] 汉传佛教宗派之一。始于南北朝末期，是汉传佛教中最早的一个由本地僧人创立的本土性宗派。因其实际开创者常驻浙江天台山说法，故称天台宗。以《妙法莲华经》为其根本经典，又被称为法华宗。——译者注

[2] 汉传佛教宗派之一，因研究《中论》《十二门论》《百论》而著称。在中国佛教史上，三论宗并不是一个实质的宗派，只要是研究三论宗旨的，都可称三论宗。——译者注

[3] 汉传佛教的流派之一。此宗以《华严经》为所依，故称为"华严宗"。——译者注

教派系，而且在华严、天台、三论和唯识方面也出现了非常伟大的人物。我认为，这样的人物在中华民族中出现，是我们东方人的骄傲。但从某种意义上说，佛教的这些方面与其说是以中华民族心理本身为基础而自然产生的，不如说是移来的印度之物在中国大地上再创生出来的。这就和牵牛花一样，不管什么样的牵牛花，一旦带至西方种植，第二年就不会开出像日本那样的牵牛花。同理，在中国出现的华严等佛教，是由这片土地上拥有卓越头脑的人培育起来的，当属中国风，虽然仍具有某些印度特性。佛教虽然传入中国并在中国的土地上生根发芽，但也不忘其本来性格。因此，佛教要想吸取中华民族的灵性而得到彻底的发展，就需要再次转型。这就是天台、华严等佛教宗派没有出现继承贤首大师[1]和智者大师[2]衣钵的伟大人物的原因。

可以说，天台宗也好，华严宗也好，都是在印度思想的

---

[1] 贤首法藏（643年—712年），唐朝佛学高僧，华严宗三祖。——译者注
[2] 智颉（538年—597年），汉传佛教出家僧侣，又称天台大师。——译者注

基础上创造出如此辉煌的宗教思想体系的，而这只有中国的天才才有可能首次做到。不过即便如此，我们也能看到，这些似乎并不是从中国式灵性本身中产生的，而且在各自的开祖之后，也没有得到进一步的发展。要做到这一点，就必须更深入地发掘中华民族的宗教意识，并捕捉其中的萌发之物。通常，我们认为有些东西是从外部移来种下并扎根的，但我们更愿意借用移植与被移植的概念，把它看成这片土地上原本就有的种苗——或者说开始发挥作用的灵性。与其重点关注所谓的外来之物，还不如将内在自有之物作为主体去思考，这不是更接近事实的真相吗？

如果没有这方面的原因，就无法阐明禅宗和念佛在中国萌芽并逐渐流行的历史事实。可以说，禅与念佛直接源自中华民族的灵性。不过，禅并没有像日本那样渗透到中华民族的生活之中，这表明中华民族的生活中的某些地方，仍然不能与禅完全融为一体。确实，中国式灵性的一面可以在禅宗中看到，否则，禅本身就不可能在中国出现。不过我相信，占据中华民族心理一角的，是根深蒂固的因果信仰。另一面就是念佛，可以说它比禅更能昂扬中国式灵性。念佛的经文最初来自印度，但所谓的念佛宗，只能在中国产生。就这样，禅与念佛，这两样东西来到了日本。于是，日本式灵性就将其打造成日式之物，它们都具有了日本的特异性。

日本式灵性与佛教

印度佛教通过中国传入日本。由于此前日本一直深受中国文化的影响，因此人们认为佛教也会顺利地被日本接受。然而情况并非如此，各宗派分离了。由于传入和接受的问题，日本有了论争，有了政治纷争。论争也就罢了，但引发政治纷争则是不幸的事象。尽管如此，佛教还是传入了日本，天台宗、三论宗、唯识宗和俱舍宗[1]都传了进来。说是传入了，但时至今日，这些宗旨还只是被作为理论来研究，根本没有进入我们日本人的实际生活。虽然都说佛教在奈良时代就繁

---

[1] 汉传佛教十三宗之一，以《俱舍论》为主要经典。——译者注

盛一时，但它也只不过是在概念上或娱乐层面上流行于上层社会。这里有个设问：如果佛教直接从印度传入日本，它将被如何接受？这当然无从知晓，但可以肯定的是，与通过中国传来相比，在趣旨上有很大不同吧。不过，虽说是通过中国传来的，但不管怎么说，日本最终还是接受了它。

然而，在传入初期，佛教并没有像上面所说的那样轻易地被日本化，而是总带有中国佛教的风貌。日本式灵性尚未通过佛教表现出来。

针对佛教通过中国传入日本这一历史事实，或许我们会认为其中存在某种安排或某种意义。我不知道是否应该这样说，但无论如何，佛教经由中亚传入中国，然后来到日本并在日本"定居"。这种佛教并不是所谓"外来的"，而是在日本扎根，接受日本式灵性洗礼的佛教。因此，它既不是印度的，也不是中国的，而是日本的佛教。仅仅说它是日式的还不够，应该说它是受到日本式灵性肯定的佛教，与此同时，还应该说它是具有东方特性的佛教。之所以这样说，是因为产生于印度的佛教，原本就带有印度特性；又因为经由中亚，因此不可避免地带有中亚的地方特色；但后来在中国经历了重大转变，所以又带有很强的中国特色；最后来到日本，变成了日本的灵性化。由此，不得不说日本佛教具备了所有的东方性。不仅如此，佛教还经由南亚而来，这其中又包含了南亚性格。这样看来，所谓的日本佛教，既具有南北方民族的性格，又具有印度的直觉力和中国的实证心理。而这些特殊的性格在日本佛教中并不是杂乱无章的物理和空间并置，而是以日本式灵性为中心，使其鲜活灵动。若问把东方各国的思想集约为一，并加以推动的这种思想在哪里，那么除了在日本佛教中寻找之外，别无他途。当然，以佛教的本来面目将其带到各个地方是没有用的，我们必须发现流淌其中的浑然一体的日本式灵性，并以现代的思考方法加以宣扬。日本式灵性，包括了广义的（世界的）活法意义的内容，这一点值得单独讨论，此处姑且省略，先看看日本佛教中的内容。

有时，我们会这样想：佛教在印度已经式微，因此，这样的东西对日本来说是无用的。其实，没有比这更为肤浅的看法了。如果只看表面形态，而无视驱动这种表面形态的因素，可能会冒出上述这样的想法。尤其在印度，佛教教派看似已经消失——反对传统种姓制的佛教，也失去了政治势力——确实，这是不可避免的，但其精神至今仍被其他教派吸取。比如甘地，在我看来就是生活在这种精神中的人之一。佛教在印度之所以无法延续，是因为被过于抽象化、概念化了，与生活本身，即根植于大地的生活相分离。灵性讨厌随时随地离开大地，它尊重最为具体之物。若问何谓具体，这就涉及一个很大的哲学问题。但这里所言，是常识范围内的具体。见山是山，见水是水，这是一种具体看待问题的方法。水是冷的，开水是烫的，这是一种具体的感知方法。所谓不离开大地，指的就是这种具体化。而所谓的有是无、无是有，所谓的心为何物、意为何物、识为何物等，都是抽象的。在《中论》[1]和《唯识》[2]中论述的

---

[1] 龙树最重要的著作之一，为大乘佛教的重要理论著作。——译者注

[2] 亦表《成唯识论》，由三藏法师玄奘以护法学说为主，糅合印度十大论师的诠释编译而成。——译者注

思想，都可以看作概念的、远离大地的，属于脚底不着地的空。

如果佛教对自己的行为加以限制，也就是说，如果严守僧伽生活的话，佛教就有生命力。从某种意义上说，当人觉得无聊倦怠时，就会进行思想游戏。原本思想也是一种行为、一种生活。在这方面，思想拥有具体性。但思想一旦作为思想而存在，就会脱离与大地的联系，变得如气球一样，失去对人的感染力。这里，有所谓活语和死语之说，佛教在印度便成了死语。幸运的是佛教来到了中国，并在中华民族的实证性、实用第一主义中获得重生。

中国是"四书五经"的国度，既没有《吠陀经》[1]，也没有《奥义书》[2]，既没有《华严经》，也没有《摩诃婆罗多》[3]。

---

[1] 婆罗门教和现代印度教最根本的经典。"吠陀"的意思是知识、启示。广义的"吠陀"文献包括很多种性质不同的经典，即《吠陀本集》《梵书》《森林书》《奥义书》。——译者注

[2] 被誉为印度所有思想流派，尤其是瑜伽思想的源头。——译者注

[3] 乃古印度两大著名梵文史诗之一，成书于公元前3世纪至公元5世纪之间，与另一经典《罗摩衍那》齐名。——译者注

印度民族所具有的奔放想象力和幽远的思考力，只有在进入中国并与五常五伦的平常道相结合时，才第一次成为"有用"的东西。所谓有用，就是指实用第一主义。利用厚生^[1]是中华民族的理想，佛教也必须体现现世利益。

印度人的想象力和思维力融合了中国的平常道^[2]，来到日本，并在日本成长，可以说日本佛教吸收了"盛宴"中所有的美味佳肴。这样做的结果是，一方面成就了禅宗，另一方面以净土宗思想的形式出现，并被接受为一种念佛。在日本佛教中，牛奶最好的部分是奶油，奶油再做成黄油和奶酪。而在印度，牛奶被称为醍醐——这个醍醐就相当于日本佛教的禅与念佛。当禅与念佛被接受时，日本佛教也就大体尽善了。确实在这里，我们添加了一种叫作日本式灵性的佛教，并正在活用这种佛教。

---

[1] 语出《尚书·大禹谟》，讲富裕、民生、物尽其用。——译者注

[2] 禅语，与"平常心是道"寓意相同。南泉普愿接化赵州从谂。赵州问南泉："如何是道？"泉云："平常心是道。"——译者注

镰仓时代日本式灵性的自觉发现

直到镰仓时代，佛教这棵大树才完全结成日本式灵性的果实。传教大师和弘法大师都是非常了不起的祖师，如果没有他们打下根基，我想镰仓时代就不会生出这样的机会。但即便如此，天台宗和真言宗也没有渗透至日本大地，而只限于上层概念性的东西。真言宗[1]确实实现了与"神道"的某种共轭，并以此发展了修验道[2]。修验道一方面是神道，另一方面是佛教，可以说触碰到了日本式灵性的外部边缘。从某种意义上说，真言宗攫握着日本民族的宗教意识。不过，真言宗的最深处是印度式的。因为太过概念化，所以大多数日本人不可能达到那种程度，反而更倾向于捕捉外在的表象，再加入某方面的神道解释，认为这样的话灵性的功效就能充分地发挥出来。到了镰仓时代，当政治、文化失去了贵族和概念的

---

[1] 包括其中的天台宗。——作者注

[2] 日本古来的山岳信仰受外来佛教影响而成立的宗教。修验道的实践者称为"修验者"或"山伏"。——译者注

因袭性，而具备大地性的时候，日本式灵性觉醒了自己。

镰仓时代禅宗传入日本。这个事实表明，时机相应，禅宗来得正是时候。在我看来，镰仓时代是一个将日本式灵性最深奥的地方发挥出来的时代。在此之前，日本民族的灵性只是稍有抬头，但到了镰仓时代，这种灵性就从根本上驱动起来，自身也有了主体性。纵观日本历史——其他国家可能也是如此，当我们遭遇某些外来事变时，那些内藏至今，未被我们意识到的东西，就会突然地晃动脑袋，摇摇晃晃地走出事物的表面。缺乏某种刺激，内心的活动就会变得迟钝，这在个人生活中，原本就是如此。在集团生活中，其实也是如此。我认为，在日本文化的发展史上，长期中断的对外交流在镰仓时代得以恢复，这是我们不应忽视的一个事实。当平安时代在政治上表现出分崩离析的势头，文化由绚烂期进入颓废期时，如果不给予某种冲击，民族精神就会萎靡不振，最终不可挽回地走向腐朽。

此刻，大地的声音——来自以农民为背景的武家阶层——出现了。并且此时频频传来蒙古人猛然进发的消息，他们以压倒南宋的力量，入侵日本西部地区。入宋的僧侣们，呼吸着宋朝新鲜的空气满载而归。迄今为止，除了保持沉默而别无他法的庶民阶级的思想和感情，开始通过武家文化——大地精神——而让人有所听闻。日本民族的灵性本身的声音，必须在这个时期响起。果然，武家阶层进入了禅道，平民阶层创立了净土思想。一方面，武家文化通过进一步统摄公卿文化，以禅的精神深入日本人的生活和艺术。另一方面，净土思想作为日本灵性的直接显现，在亲近大地的人身上开花结果。

不管怎么说，平安时代是女性文化时代，或者也可以说是公卿文化时代、大宫人鼎盛时代。被称为日本精神的一面的平安文化，毫无遗憾地得到了发挥。如果不经由平安时代，日本精神的这一面或许不会出现。这个时代与奈良时代的豪壮雄大相比是多么纤细优美。即使在文学方面，也是女性文学占据主导地位。紫式部、和泉式部[1]、清少纳言等人的

---

[1]《和泉式部日记》的作者。——译者注

名字，是日本人众所周知的。我们为拥有这些女性作者而感到自豪。作为对佶屈聱牙的汉文字的一种对抗，平安朝的女性创生出"女文字"[1]，并自由自在地运用它来表达柔和细腻的感情，从这点看，平安朝的女性真伟大。男人们也追随她们的足迹，写出了被称为女性文学男性化的《土佐日记》[2]等作品。平安朝的女性开拓了一个独特的世界。我认为，面对自然的优雅之心，那种随自然景物的时节变化而生出的敏锐纤细的触觉神经——这样的东西，似乎只有日本女性才能具备。平安朝的女性在这一点上确实很伟大。

假名文字的发达，究竟在多大程度上有助于日本思想的独立发展，对此有必要加以充分的认识。只要被汉字和汉文学支配，日本思想就不能自由发展。江户时代国学盛行，日本开始拥有自己的主张，这有归功于假名文字的地方。在舒展不自由、衔接不紧密的汉字中，思想的表达自然受制于

---

[1] 也称"女手"，是平假名的别称。平假名被看作由女性使用的字符，例如在创作和歌时。——译者注
[2] 日记文学著作，全书一卷，为纪贯之所著。——译者注

此。用自己制作的道具禁锢自己的行为，这在人的所作所为方面，都有所体现。近代思想不也是用自己创生出的科学、技术和机器，从而使自己失去自由，进而导致自己的毁灭吗？我认为，如果没有假名文字，日本就不可能成就明治维新的大业。外来的文学、思想、技术等，都因假名文字的灵活性、弹性、连通性而自由地融入了日本民族精神的发展。只需考虑一下这个事实，我们就应该对平安朝女性的创造天才表现出充分的谢意与敬意。

很显然，像万叶假名这样的文字，不应该永远被传承下去。不过，如果没有平安朝女性的崛起，我想，假名文字不会这么快被使用，所谓的女性文学也就不会产生。如果文学只委任于男人之手，日本文化就不能轻易摆脱来自汉文学的压制。汉字和汉文学确实有独特的魅力和妙趣，其情感和色彩等方面，也有非常难以舍弃之处。但是，日本不是中国，所以不能是中国的延长线。不得不说，日本魂是被当时的日本女性发扬光大的。

当然，女性文化自身也是有缺陷的，其缺陷恰恰就是它的长处本身。温和固然好，但有时必须有硬骨；柔软固然好，但"娘娘腔"却不那么受欢迎；哭泣固然也有妙处，但总是泪流满面也无济于事。日本民族的感情性格由女性充分代表着，不过我们的实际生活中不仅仅需要感情，理性也是入用的，另外还必须有灵性的运作。女性富于感觉性和感情性，但缺乏逻辑和灵性直觉。理论方面姑且不论，如果没有灵性直觉，日本民族就无法为世界文化的发展做出贡献。平安朝时代，时机尚未成熟。从感觉到感情，再到灵性的渐次深化，无论如何都需要相当长的年月，而且必须在政治和社会方面通过许多试练。女性文化是在箱庭形成的，具有温室性。平安时代是日本箱庭式生活的时代，这是一个为日本民族女性性格方面的发展提供了最有利条件的时代。不经风雨的所育之苗，是纤弱的。顽强、根壮的大树，怎么也得与暴风雨为伴，那就必须把自己的根深深地扎于大地。如此坚韧的根干，在物哀的世界中无法生长。显然，物哀现在必须再经历一次考验。女性感觉和女性感情，仍然属于日本灵性的表皮，必须将其击破并挤进灵性本身。而且，必须通过在那里开启的直觉之眼，重新审视感觉和感情世界。只有这样，我们才会发现，迄今为止的直觉世界还未彻底打通。感觉也好，感情也好，在其直觉性方面，都有与灵性的作用一贯的东西。正因此，前者有时会与后者混为一谈，但有学问的人，必须留意，不要犯这样的错误。

平安朝的女性感觉性和感情性的表层文化崩裂，灵性中枢开始工作是在镰仓时代。换言之，在镰仓时代，日本民族所具有的宗教意识实现了自我肯定。奈良时代及以前，佛教打动了我们的祖先，他们建造了法隆寺[1]、东大寺[2]等建筑，并铸造了大佛等，赋予了日本人所能拥有的美术感觉和感情。在这些建筑中，能看到或雄伟或端美的宗教情绪的流露，但还是感受不到日本式灵性本身的显现。再比如，平安

---

[1] 又称为斑鸠寺。位于日本奈良生驹郡斑鸠町，是圣德太子于飞鸟时代建造的佛教木结构寺庙。现在一般认为建造完成时间为公元 607 年。——译者注

[2] 是日本全国 68 所国分寺的总寺院。因为建在当时首都平城京（今奈良）以东，故为东大寺。距今有一千二百余年的历史，是当今世界最大的木造建筑。——译者注

初期的佛教兴隆，虽然明显地表现出光灿灿的宗教色彩，但仍然显得概念化和抽象化，还是令人觉得这是有闲阶级的闲情逸趣。汉文学的自由驱使，印度思想的纵论横议，各种法事、庆典、讲会的举办，恍然一见，大有宗教情境，但不由得还是给人一种莫名的空虚感，而且更重要的是，日本式灵性还没有得到真正的彰显。

平安朝文化的崩溃，是由各种因素造成的吧。即使不是由于特别值得一提的政治，那也可能是在此基础上发生的事变吧，不过，真正的原因还是在于创作文化本身出现了停滞。换言之，公卿文化、女性文化和概念性文化并没有扎根大地，而是漂浮在所谓灵性的表皮层，仅凭这一点是不能永远维持自身的。即使一个人能意识到自身的力量，他也必须有经历一次崩溃的机会。要做到这一点，就必须在一定条件下接触和碰撞外部事物。镰仓时代正好提供了这样的机会和条件。

即使停止了遣唐使[1]，来自中国的商船也仍然在继续传递

---

[1] 公元 630 年，当时的舒明天皇派出了第一批遣唐使。894 年，菅原道真建议废止遣唐使后再没有派遣过。——译者注

关于中国的消息。到了镰仓时代，仍有中国的僧侣渡来，因此，日本人对他地的政治情势也多少有所了解。随着时代的发展，一定有人传出这样的信息：非常事态随时可能袭击我国。否则，就没有理由像日莲上人[1]那样发出预感。确实，平安末期的骚动、政治和经济的不安、人心的慌乱，再加上国难临头的预感，使得人们无法只欣赏物哀。国民一定是在某种灵性上开始感受到了深深的震撼。像这样一种根源性的东西，并不是人们有意识就可以感觉到的。人在这种场合——尤其是在一个尚未经验过任何深刻的宗教意识觉醒的民族——中，只不过是被一种焦躁之念驱使罢了。而这种焦躁不安的心境，只能在传统的表现方式中找到出口吧。

这就需要详细探讨各种文献，特别是文学作品。但我觉得，蒙古袭来这个历史大事变，使得我们国家生活的各个方面都产生了根本性的动摇。动摇的表现之一，就是在精神层面上，我们的国民对自己的国家有了深刻的思考。神道家开

---

[1] 日莲上人（1222年—1282年），日莲宗以他为始祖。——译者注

始意识到"神道"——我们国家的神之道——也是在镰仓时代。当然，在那之前也有对神之道的思考，但我认为，这不是基于对外国的特别认识的思考。亲鸾圣人之所以特别认可作为我们国家教主的圣德太子，也是因为不满足于从中国传来的佛教。众所周知，日莲上人对这一点抱有最为鲜明的认识。我坚信，如果要写一部日本民族的灵性生活史，那么就应该以镰仓时代为中心。

灵性

现实的否定

灵性的活动，始于对现世事象的深刻反思。这种反思最终发展为脱离因果世界，并想抓住永远常住之物这个愿望。感知业力 [1] 的重压，然后想逃离的愿望就会强烈。如果靠自力无法达成，就得寻求绝对的大悲者 [2]。无论发生什么，大悲

---

[1] 印度佛教中的一个普遍概念。是指一个人的行为在道德上所产生的结果会影响其未来命运的学说。——译者注

[2] 佛语，大慈悲者之意。指诸佛、诸菩萨，特别是指观世音菩萨。——译者注

者都会毫不介意地让你从业力或因果的束缚中解脱出来。

除非你感受到业力的重压，否则你无法触及灵性的存在。虽然也有人认为这是病态的想法，但如果真是这样的话，则无论如何都要被这种"病态"缠身一次，然后再生，否则你完全不知道宗教的故事和灵性的信息。那些说"病态"的人，是从未有过这种经历的人。其次，病态的有无，倒也是不必在意的。问题在于如果灵性一次都没有在巨浪里颠簸过，就没有自觉的机缘。在平安时代，日本人过于原始和感性，虽然也多少进入了情感世界，但还没有触及灵性，只好止步于物哀。必须看到的是，所谓物哀，仍然是在情感世界中徘徊的东西，那里并不认可灵性的作用，没有进入自我的本源。也就是说还没有患病，没有自我否定的经验，所谓患病就是这种经验。通常所说的患病是对肉体的否定，用这种否定遇见肉体的实在。在这里，我们看到了人类和其他生物的区别所在。宗教意识在这里第一次开始呼吸。不走到这一步，业力的重量就无法被感受到。只要人过着朴素的原始生活，就摆脱不了婴孩性。"随神"的世界必须被再度反思。经过这些反思、患病、否定和经验之后的生活，就再也不能被归于原始性和婴孩性的范畴。这里对物哀的感知，比平安时代的歌人更彻底，触及了事物本身的真实之底。平安时代的歌人，仍然躲在灯影的后面。正如《南泉一株花》[1] "时人见此一株花，如梦相似"所言的境界，不得不说，这一境界令人似懂非懂。

超个者性的人

感觉、情感以及思虑分别，原本都根植于灵性的作用，但我们除非碰撞灵性本身，否则就像无根之草，无法走出今天此岸、明天彼岸的漂浮状态。这就是个者的生活，我们还没有见到过超个者，超个者是个者的本源。这听起来很玄妙，好像在物体之外又创造出了一个心灵世界。不过，如果对此没有一个明确的认识，也是麻烦的。通常情况下，人们只看到个者的世界，纵然说极权主义或其他什么，仍然没有

----

[1] 参见《碧岩录》第40则。——译者注

脱离个者，仍然完全受其束缚。由于超个者已经是超个了，因此他不在个者的世界里。由此，虽说是人，但并不是在个者之上行动的人。即便如此，这个人也不是舍弃万象留在那里的人，这样的人还是个者。超个者并不是与个者无缘的人。事实上，人与个者有很大的缘分，一种二者无法分离的缘分。可以说，他离开了个者就不能存在。虽说如此，但也不能说个者就是他。若说不可思议，超个者就是这样的一个不可思议之物，一个"一无位的真人"[1]，一个"万象之中独露身"[2]的人。这个人所感受到的物哀，就是日本灵性的律动。

这个超个者才是真正的个者。《叹异抄》里有"若仔细思量弥陀的五劫思惟之愿，这都是为了亲鸾一个人"之言，强调"亲鸾一个人"。另外，《百条法话随闻记》[3]里也有"在此界迷路是我一个人，下地狱是我一个人，去净土也是我一个

---

[1] 禅语。临济上堂云："赤肉团上有一无位真人。"所谓无位真人，这个真人，没有坐、没有站、没有跑、没有卧、没有男女相、没有生老病死相，就是没有千差万别相。无位真人就是没有种种现象的心。心造作了，才会有种种的相，就把他捆绑住了，不自在了，然后就要轮回。——译者注
[2] 禅语。这是文益禅师点拨子方上座的一则语录。——译者注
[3] 涉谷山徒永元释教道的著作。——作者注

人，我是记住具体的个人的唯一一个人"。真宗的信徒通过一个人彻底化的过程，来体认日本式灵性的作用。

在这里，我们可以认识到真宗或净土系的日本式灵性与禅宗的日本式灵性之间的不同运动方向或方面。前者总是从个者的方向看超个者，后者则是从超个者的方向看个者。所以临济说"一无位的真人"，在这里可以听到知性的声响。真宗说"亲鸾一个人"或"我们一个人"时，个者的姿态出现了。固然，即使是禅宗，也让个者出现在"一棒一喝"之上。即使是真宗，也有"只念唱南无阿弥陀佛"之说。然而，从教学整体的框架来说，禅宗朝着知性——尽管不是一般意义上的知性——那个方向改变，而真宗则倾向于经验的情性方面。在知性的部分，日本式灵性添加了一些概念性的东西。在情性的部分，日本式灵性则依附于每一个具象。一般认为，禅修者并不理解净土思想，认为通过念佛的极乐往生，便是究极之目的。禅修者虽然知道净土往生的念佛，但不知道真宗"唯我一个人"的本愿。不过，只要我们不被不同的方向囚禁，意识到日本式灵性既是超个者又是个者，并对此有所理解，这就足够了。

超个者（也可称"超个己"）就是个者的具体的个人[1]，而这具体的个人不是别人，正是超个者。这种自觉，只有在日本式灵性中才会被经验到。在印度发展的净土思想，来到中国就成了建立教派的基本概念，即使过去了千年以上的岁月，也没有转化成真宗的净土思想。在中华民族的心理中，超个者即个者、个者即超个者的这种直率，还完全没有显现出来。超个者和个者的关系原本是作为思想或某种直觉被解读、被审视的，但并没有充分意识到每一个个者的往生之道这一事实。真言宗思想里有法身[2]、即身即佛[3]等说法，这与

---

[1] 在铃木大拙的即非理论中，相对的现实自我是个者，绝对的现实自我是超个者。前者是有限的自己，后者是无限的自己。个者的一个"人"，即个者的个，同时又是超个者的个。也就是认识到这个"人"既是一个"个者"，又是一个"超个者"。个者的本身即超个者。个者与超个者的两者即为一体。反之，"一"即为"二"。一者即，二者非，即即非，非即即。换言之，在铃木大拙看来，只有在自我之根源上超越自我才能拥有自我。也即"山就是山，同时又不是山"。——译者注

[2] 佛语。本觉性体即法身。法身来自梵语毗卢遮那，译为遍一切处，唯指本来清净的理体。——译者注

[3] 佛语。意指将凡夫的色身，在这一生中，直接转化成为佛的法身而成佛。得道者称为"即身佛"。这是佛教追求的修行成果。除了密宗之外，即身即佛还深深地影响了净土崇拜和禅宗。——译者注

真宗的净土思想很接近。不过，这些说法似乎还没有从情性的角度来加以认识。所谓情性，是个者的超个者的经验之意，是一种可以称为情感直觉的心境。说到经验，可以认为超个者是没有意义的，因为经验是只发生在个者身上的现象。但是，这种经验只在个者有限的意识上是不能产生的，无论如何都要加入超个者的意识才能被理解。正因为如此，我们将其称为信，以区别于一般知识、理解或意识等。其他宗教则称其为"神的启示"，并说只能原封不动地接受之，说它不受人类理智的限制。确实，宗教意识的受动性就在于此。总之，难道不应该说日本式灵性中有很多情性之物，并且在它的活动中总有一些东西是朝着情性方向前行的吗？

成日本式灵性之物

日本式灵性，应该说是在个者的情性方面驱动的。这可以看出，中国净土思想在日本生长后，不久就朝情性这个方向行进了。都说法然上人创建了净土一宗，不久亲鸾圣人就有意识地抽取了其中的内容。只要弥陀本愿不超出一般性的范围，就说明日本式灵性还没有做出充分的回应。也就是说，后者还没有打破自己的外壳，从中飞出。这是因为具体的个人这个最为具体、最为根源之物没有动作。言及根源，似乎总是将其视为某种抽象的、一般的、概念上的逻辑假设或要求，但这只是将事物作为对象来思考的一个结果。当根源是情性的且是个者本身时，没有比这更具体的了。这就是具体的个人，就是"唯有亲鸾一个人"。亲鸾圣人没有在中国而是在日本出现这件事，是有意义的。亲鸾继法然上人之后出现这件事，也同样具有意义。事实上，将法然和亲鸾视为"一个人格"也并无不妥。在亲鸾的背后，并没有中国那样的千年净土宗，而是有一个存在了千年的日本式灵性，这必定是有意义的。我们必须在遭遇镰仓时代的这个事实中，找寻镰仓时代在日本灵性史上的意义。

如果亲鸾在日本的出现，就像贤首大师和智者大师在中国出现一样，那么他的教义就不会像华严和天台那样持续下去。贤首和智者作为东方的伟大宗教思想家，是我们的骄傲，但他们还没有摆脱完全印度式的东西。可以说，这并不是中华民族精神本身产生的土著现象。然而，亲鸾具体的个人的经验，则来自日本民族的精神生活，即日本式灵性本身，因此对日本民族的心理产生了深刻的影响，实际上这种影响还在持续。由于法然上人与亲鸾圣人的灵性经验其实是从大地获得的，因此其绝对价值也在这里。这样的大地灵性的活跃，在镰仓时代首次成为可能。迄今为止，日本式灵性确实是在传教大师和弘法大师以及其他宗教天才的带领下，才开始有了一定程度的始动，但还完全不具有与大地的关联性，即没有充分的具体性。个者并没有通过与超个者的接触和融合，觉悟到自身存在的根源性问题。而这在亲鸾的世界里却第一次成为可能。虽然亲鸾多少也可以说是公卿文化的产物，但正是在越后 [1]，他的个者有了根本上的唤醒。在京都，虽然亲鸾首次接受了法然上人安排的洗礼，但这时他还没有触及超个者。当他在京都文化尚未普及的地方居住时，

---

[1] 亲鸾的流放地，今新潟县。——译者注

才开始有这种触及超个者的可能。当亲鸾起卧于穷乡僻壤的越后人（他们将大地作为一个具体的事实与之共生）中间，并由此触及越后人的大地灵性时，他通过自己的个者经历了超个者。即使通过法然唤起了亲鸾的信心，但若没有走出京都文化的机会，相信他力本愿的亲鸾，是否能比传教大师和弘法大师走得更远，这一点很值得怀疑。亲鸾在京都永远不会成熟吧。京都有佛教，但没有日本式灵性的经验。

《叹异抄》中的日本式灵性的自觉

由此故，亲鸾宗的真正精髓并不在《教行信证》，而在他的《消息集》和《和赞》[1]，特别是在《叹异抄》里。真宗的学者都将《教行信证》视为至高无上的圣典——这也是合理的——不过，亲鸾的本来面目还真不应该从那里被认识，而在他随口吐露的话语中，反倒有一种直觉之物。在《教行

---

[1] 分《净土和赞》和《高僧和赞》。——译者注

信证》中，有他的公卿文化、教相[1]哲学和学者气质的残渣，显然，那不是塑造他的实质性之物。如果有人试图仅凭这一点来评判亲鸾，我甚至会说这个人的灵性直觉方面还有不足之处。请读者注意下面《叹异抄》里的一段话：

> 诸位越过十余国之境界，于身命而不顾，到访目的何在？是以探问往生极乐之道。然，若心生羡慕，他（亲鸾）除念佛之外，尚知晓往生之道，法文宗相等，则大错也。若诸位不以为然，南都北岭，亦多有优秀学僧，与之相见，倾听往生之要亦是途径。吾亲鸾而言，仰蒙法然上人之善言：唯念佛可被弥陀救度之外，别无他信。诚然，念佛是往生净土之因？抑或堕入地狱之业？则浑然不知。若受法然上人之骗，念佛反而落地狱，亦不后悔。究其原因，除念佛之外，本应努力修他

---

[1] 佛语。佛陀一代所说教法之相状差别，即种种教义之特征或差异，总称教相。——译者注

行而成佛之，却因念佛堕入地狱，显然蒙骗的是后悔本身。欲想成佛，若任何行业都不能为之，则地狱必定是栖息地。

若弥陀本愿为真，则释尊说教无虚言；若佛说为真，则善导之释无虚言；若善导之释为真，则法然之说岂有假；若法然之说为真，则亲鸾之言焉虚耶。要之，愚身之信心便如此。从今往后，取念佛而信之，抑或弃念佛而求它，悉听尊便。云云。

从这段教文中可以看出，首先，亲鸾宗旨的具象性根据是大地。所谓大地，就是乡野之义、百姓农夫之义、智慧分别对照之义、万物发生与终焉之义。大地具有政治上和经济上的意义这个事实，是不言而喻的。而且依据这个事实，我们亦能了解大地就是我们的肉体本身。不过，亲鸾宗的大地则具有宗教意义，也就是灵性的价值，这种价值无法从京都表层的公卿文化中体现出来。"诸位越过十余国之境界，于身命而不顾，到访目的何在？"这句话绝非枉然。只要想象一下当时的时代背景，想象一下从常陆[1]地区千里迢迢上京的乡野之人，可以看出亲鸾与他们的关系绝不是概念性的、形而上学性的、言语文学性的。他们之间的纽带是大地。不得不说，这里有"南都北岭"的学者们无法看到的东西。如果亲鸾失去了离开京都的机缘，他的心就不会这么深入大地。

第一次被流放至越后的亲鸾，过着怎样的生活呢？他一定不在天台宗和真言宗的寺庙里，可能他连一个小庵般的空间也没有。不难推测的是，他仅以俗人的身份，过着在家的生活。他以什么为生？做了些什么呢？我想他别无选择，只能从事农业。总之，亲鸾并没有作为一介乞食僧侣生活于百姓之间。难道他没有想过在自己的实际生活中磨炼从法然那里获得的信心？他不会像在比叡山时那样，依然通过文字来研究信仰吧。当时他已不再是"南都北岭学者们"中的一员了，他也不会有丝毫的野心去写一本像《教行信证》之类的书了。除了念佛往生的一条路之外，别无生路可走的他，难

---

[1] 现为茨城县的大部分。——译者注

道不想尝试性地踏上日常生活这条路——俗人的、在家的、肉食带妻的生活——在锄锹与大地的接触中体验生活吗？他成为商人是无法想象的吧。他也不可能成为猎手和渔夫。另外，也无法推测他是否有想尝试工艺生活的心理。他也不可能有机会如同江户时代的牢人[1]那样，教授村民们习字或阅读。那个时代的乡野，还没有这样的需求吧。此外，似乎也没有迹象表明他与地方权势有勾结，似乎也没有发现他与武士阶层有联系。不管怎么说，亲鸾作为一介百姓，与其他百姓为伍，静静地过着念佛的生活。我认为这是最为稳妥、最为合理的推测。我们必须参考的一个事实是，那些从关东来到京都的人，绝非权贵或知识分子。亲鸾作为"无名一愚秃"[2]，在越后的乡野，以大地为点面，踏出了僧侣在家生活的第一步。于是，他持续这一步调，前往关东。据说，亲鸾

---

[1] 也叫浪人。是指离开或失去主家从而失去俸禄的人，指从室町时代到江户时代期间主从关系中的武士。换言之，牢人一词有着身份限制。江户时代开始后，战乱逐渐平息，出于改易或其他原因而向各地流浪的牢人激增，自此才把流浪他国的牢人称为浪人。——译者注

[2] 亲鸾自称。——译者注

所仰慕的沙弥教信，实际上也过着与他相似的生活。[1]

日本式灵性和大地

大地的生活就是真实的生活、信仰的生活、不入虚假的生活、念佛本身的生活。因此，可以肯定的是，亲鸾圣人用成为流谪之身的机会，在大地生活的实地上，试炼着他在法然上人身边获得的念佛信心。只要在京都，亲鸾就绝不会遇到这种机会。成流谪之身的他，正中下怀地得到了一个试炼自己信心的机会。他说"唯有念佛是真"，当然也不是从早到晚、反复有口无心地空念佛吧。他的念佛是实念佛，换言之，就是与大地接触的念佛。如果自己不沉浸于锄锹的舞动中，或者如果自己干脆不去舞动它，那么，从法然那里获得的信念必定成了一种虚言和空想。他在越后的生活始终与大地保持一致。迄今为止，他之所以不沉溺于所谓的清

---

[1] 远江国（静冈县）莲华寺的禅胜房，是这种类型的另一个很好的例子。——作者注

净生活——一种只富于观念性而不包含任何实证性内容的生活——是因为他想让念佛作为普通人的生活而自我实践着。不然的话，他是为了什么非要"吃肉娶妻"？岂不莫名其妙？他不认为圣道门[1]和净土门[2]的区别仅仅在于是否"吃肉娶妻"，或仅仅在于是否专修念佛。事实上，亲鸾是在实际的大地生活中，对一般人类生活本身能感受到多少"如来的御恩"进行了测试。在这里，我们必须找出他的信仰的认真性。对他来说，并没有出家与在家之分。或者，即使尚未完全脱却当时的意识形态，在他的念佛观和信心意识中，也已经没有了旧时的"清净生活"。所谓"烦恼炽盛"或"地狱必定"，并不只是说生活形态的外貌。因此，亲鸾毫不犹豫地抛弃了概念化的生活。可以认为，在他以后的真宗教徒，对这方面并没有坚定的认识。亲鸾的中心思想是对如来本愿

---

[1] 为佛法中两种法门之一。依靠自己之能力修行，在此世间能获得开悟者，称为圣道门。——译者注

[2] 为佛法中两种法门之一。相信念佛往生极乐世界，永离六道轮回，在净土直接成佛，称之为净土门。——译者注

的绝对信仰，至于其他——无论传统的佛教教义是多么的不可多得，他都对其不屑一顾。

铃木正三[1]道人言行录《驴鞍桥》[2]有如下一段话：

> 师傅某日至武州鸠谷宝胜禅寺。近里百姓数十人前来询问法要。师示曰：农业即佛行也。又何必用心求他佛。各位的身体为佛体，心为佛心，业为佛业也。然而人心背向处总有一恶，故作善根之时会反转入地狱。或憎或痴或悭或贪，做起各种恶心的我。今生日夜苦恼，未来坠入永劫恶道，非遗憾不可。而农业则可尽业障，发起大愿力，一锹一锹中有南无阿弥陀佛。南无阿弥陀佛与耕作相合，必至佛果。

---

[1] 铃木正三（1579 年—1655 年），德川初期曹洞宗禅师。初为武士，曾为德川家康和德川秀忠服务。中年出家，晚年（1648 年到 1655 年）在江户生活并布教。——译者注

[2] 禅僧铃木正三语录，共 3 卷，1660 年出版，此处引自上卷第 98 节。——译者注

这并不是说要重复耕作才能尽业障[1]。南无阿弥陀佛的每一锄头，都有数百数千的业障消失殆尽。锄头的数量和念佛的次数，与业障无关。挥起一锄头、砸下一锄头才是绝对，与弥陀的本愿本身相通。不，应该说就是本愿本身。本愿的"恬静细柔之声"，在锄头的一上一下舞动中都能听到。正三是一位禅者，所以使用了禅语录，但他所持有的无意识的意识，却与亲鸾宗的心有深深相通之处。毫无疑问，亲鸾的念佛，一定是来自大地而又归于大地的念佛。我不知道他在越后是否待了5年或6年，但无论如何，他在那里的生活一定有什么值得他奉献的东西吧。我也不知道他去常陆是否和他的家人有关，但他为了证悟佛典上的"所得即无所得"[2]的慧语，一定是去了一个可以将图书搞到手的地方。这也可看作他青年时烦恼的再现。一方面，《教行信证》如斯而写。但另

---

[1] 业障，佛语。指妨碍修成正果的罪业，比喻人的罪孽。——译者注

[2] 佛语。亦可表述为"以是得，无所得"或"无所得即得"，讲精神达到的一种境界。佛法讲自性本自具足、本无生灭、本无来去。即便有所得，也不过返还其自性本如而已，并无一物可得。——译者注

一方面，从他的言行和人格中溢出的阿弥陀信仰之光，怎能不感化周围之人？换句话说，亲鸾在东国的 20 年里，在他的周围形成了一种类似教团的组织。如果没有在越后的数年经历，像这样的事情是绝对不可能发生的吧。

灵性的真实与深度—— 一个人

平安时代的"雅男"，是感悟物哀之人，但他们无法达到对真实的彻悟。镰仓时代的亲鸾，目睹了"念佛之真"，触及了真实。前者是对花鸟风月的咏怀，后者是与大地亲密接触而成了真实本身；前者的一生没有走出感性和情性的境地，后者的一生则沉浸于灵性之中。直到镰仓时代，日本人的精神生活也还不能超出感性直觉和情性直觉。在这些直觉方面，我们的祖先表现出惊人的敏锐。平安时代的各种文学对此有所认可。这可以说是女性化的、贵族化的，缺乏真正意义上的现实性。我们不可避免地至少要吃一次颓废的苦头。然而，这种颓废，唤醒了镰仓时代的重生或新生。这是对日本式灵性所能达到的深度的一次试炼。感性、情性的直觉被深化为灵性直觉。物哀被深化为"念佛的真诚"，这确实是在亲鸾圣人个者的灵性之上发生的事情。超个者——这种场合是弥陀的本愿——总是通过个者的灵性进行着自我肯定。这是"唯有亲鸾一个人"的体验，是"下地狱是我一个人，去净土也是我一个人"的宗教意识。这也是到平安时代为止的日本人从未梦想过的一种境地。"皮肤脱落尽，唯有一真实"的"一真实"，就是一个人。

这个以大地为象征的"一个人"，是离我们最近的。大地的具体性就是一个人的具体性——这是怎么也无法被他物置换的性格。在花鸟风月中，有四季的变化，这种变化对应着物哀的心理，但其中没有大地的钝重性、常住不变性和四季变化不介意性等应有之要素。在时时刻刻都在改变其姿态的地方，感性在移转，情性在搏动，这就是大宫人咏唱和歌的心的构造。灵性只有在打破这种心的构造之后才能显现。当与支撑花鸟风月的大地发生冲撞时，灵性就会闪耀出来。一个人的具体性又是一个人的实在性。只有人在回归大地时，才能认识到这点。在大宫人居住的超级宫殿，是没有大地的——这是乡野之人的立足点。日本式灵性在乡野之人的心中开花。宫殿中的亲鸾，必须成为乡野之人的愚秃。"藤井善信"未必是对流放之身添加的侮辱之词，而是唤醒亲鸾灵性的称呼。

亲鸾没有建造过寺院。与愚秃相对应的是草庵，而不是七堂伽蓝[1]。极致的美轮美奂，是京城人所为，与乡野人无关。念佛最适合在草庵。从大屋檐下传出的念佛声，有太多的虚假，对于空念佛的合唱，阿弥陀是充耳不闻的。那里只有一般，没有特殊，因此，特殊——一个人——才是本愿的对象。对于愚秃的信仰来说，没有什么比殿堂更不需要的了。就像如今的本愿寺一样，殿堂相去祖圣之志乃有几千万由旬[2]。本山的祖师堂里没有愚秃。一个人的亲鸾——如果他在那里的话——一定会在灯影里哭泣。但是，亲鸾宗的真

---

[1] 又名伽蓝七堂，是唐宋佛教寺院的规范建筑。直至明、清两朝仍然有这种禅宗寺院与殿堂配列的方法。——译者注

[2] 佛语，是古印度的一个长度单位，由佛教沿用。——译者注

实性，即便从殿堂中消失，也总是会在屋檐倾斜漏雨的妙好人[1]的茅屋里，永远生生不息。仅此而言，就可安心。妙好人——在亲鸾宗里，确实没有比这名字更珍贵的了。亲鸾一个人总是活在这个名字中。那些"了不起的学生们"并不是继承祖师信仰的人。

"念佛之真"、"亲鸾一个人"的超个者、日本式灵性——这些都是与大地的真实性、绝对性、孤往独行性、具体的终极性相呼应的直觉。这是超越感性和情性直觉而进入灵性领域的直觉，它不会止于物哀这样的领域。因此，远离京都文化、公卿文化或女性文化，另辟蹊径的镰仓文化、大地文化、男性文化中所认可的灵性直觉，应该说是真正的日本式的。其实，对这种灵性直觉的直截了当性，亲鸾有如下的参透。如前文引文中的一句所言：

诚然，念佛是往生净土之因？抑或堕入地狱之业？

---

[1] 指净土教的念佛者，特别是指净土真宗在俗的念佛者。《观经疏》解释道："若念佛者，即是人中妙好人、上上人、最胜人。"——译者注

则浑然不知。

此外还有：

> 要之，愚身之信心便如此。从今往后，取念佛而信
> 之，抑或弃念佛而求它，悉听尊便。

不得不说，这实在是亲鸾圣人"露堂堂"[1]的真面目。这恐怕是一说物哀就泪流满面的平安歌人们连做梦都不能为之的吧。确实，亲鸾圣人是有灵性直觉的人。这种说法，对只活在概念世界的人们来说，是难以被道破的。这里，可以看出镰仓武士气质的一面。这与莫妄想、蓦直向前有相通之处。真宗信仰的另一面，实际上有被称为禅的东西。我想说，正是在这种信仰里，我发现了日本灵性直觉的特殊性。

"唯有亲鸾一个人"的这个"一个人"，有绝对的真实

---

[1] 禅语。"堂堂"指容貌之盛，"露堂堂"指全体明白显现，从而见其相貌堂皇伟大。——译者注

性，这个真实性就是灵性的直觉。"真"是我们能说的，但"真"不是那么容易得到的。感性的真也好，情性的真也好，二者只有在灵性的照耀下才能成为真。就前者而言，由于它还基于主客二元性，因此是相对的真，而不能说是绝对的真。真诚的绝对性是在打破个者、觌面超个者的时候显现的。有"寥寥天地间，独立望何极"的诗句，是说在遥远的天地之间，必定有一个人的栖身之地。这是因为这一个人是无可替代的一个人，所以是绝对的。若作为真实，则不可能有比这个更真实的了。《万叶集》第13卷有如下的诗歌：

岛国我恋你亦思，

二人同在情何堪。（《万叶集》3249）

这是一首恋歌，但即使是情性对象，也不允许两人同时存在。而在不允许的地方，就有恋的真。如果有两个人，其中一人必然是假冒的。不言而喻，这个意义在灵性方面是多么的重要。亲鸾之所以对法然的教义抱有绝对的信赖，其原因也在于灵性。从弥陀的本愿到法然的教义，再到亲鸾自己的言行宗旨——由于都是基于灵性的议论，因此相互间用"真"的绝对性加以维系。真宗的表述有时会显得含糊不清。禅修者不会如此啰唆，而是直下喝破"觌面"[1]。真宗有将时间看作直线的倾向，这是因为真宗总是在感性和情性世界里活动。所以，净土往生也是死后的事。与此相反，禅固守时间的圆环性。因此，万事都在觌面的绝对瞬间内了结。然而，若从睁开的一只眼来看，看到的可以是直线也可以是圆相。亲鸾不也在施教往还两回向吗？[2] 总之，真，只有在灵性的世界——一个人的世界——被发现。

一个人——一文不知者——的自觉

　　我之所以特别提到亲鸾圣人，说他是日本式灵性觉醒的

---

[1] 禅语。指眼前一亮，弟子见到了尊师。——作者注

[2] 亲鸾写有《往还回向文类》，收录于《大正藏》第83卷。亲鸾认为回向有两种相：一者往相，一者还相。——译者注

第一人，是因为他以流谪之身，去了偏僻的北方之地，在那里与和大地亲密无间的乡人共起居，亲身体验了大地。日本式灵性是非常具体、现实、个人和"唯我"的。只有当这个事实被感知到时，日本宗教意识的原理才首次得到确立。在这之前，原本经由中国而来的印度佛教，以此为发端，不得不推进概念上的准备工作。这需要数量众多的高僧和学僧，包括传教大师和弘法大师。特别是在平安后期，源信僧都[1]的学、德、艺等，也是必要的。不知道《往生要集》[2]在多大程度上鼓动了当时的民众，或许它只是在南都北岭的学匠之间流传吧。源信僧都的道德观不至于涉及很广的范围。不过只要他的艺术是诉诸视觉的，那么，凡是有机会接触到的人，他的艺术无疑都带给这些人非同一般的感动。我也认为他的艺术催生了许多模仿者，雕刻姑且不论，绘画作为绘卷

---

[1] 源信（942年—1017年），日本天台宗僧侣，被尊为日本净土宗的开拓者。——译者注
[2] 为源信所著，共三卷，倡导极乐世界。——译者注

物 [1] 也被复制到了不同的地方吧。

从平安后期到镰仓时代，地狱变 [2] 一定是被经常绘制的，这里就不一一列举文献了。即使不懂汉文读物，即使没有接触过高僧的道德观，画在纸上的东西，也能入任何人的眼，而且还能打动观者的心。在亲鸾出现之前，我认为这样的准备在民间已经有所展开。源信僧都之后是法然上人，如果没有这两个人，也许就没有亲鸾圣人。法然比源信更晚近些，所以就此而言更容易接近些。源信的圣者之风仍盛，法然则令人更觉平易近人。特别是在法然的《一枚起请文》[3] 中，他比亲鸾更具有大地性。法然后来也遭受了流放之痛，但也因此为他的结局披上了荣光。如果他再年轻一点，其光彩也会更绚烂吧。他把这个

---

[1] 也叫绘卷，是日本古来的绘画形式之一，是在横向的纸或丝绸上，从右到左横向绘制图片，描绘一个物语、历史事件或经文等。——译者注

[2] 源信在他的《往生要集》中，根据小乘佛教的理论描述了八大地狱，其中的"无间地狱"是一个遭受持续不断的痛苦之地。之后，芥川龙之介的经典名作《地狱变》，写了绘师良秀依据宫廷之名，在屏风上画地狱图的故事。——译者注

[3] 1212 年法然入灭前所作 300 余字之文，主要记述净土往生之要义，为日本净土宗早晚的咏唱文。——译者注

机会让给了亲鸾。他的《一枚起请文》虽然还留有学究之气，但其根底则有着日本式灵性的直觉，只是没有亲鸾那么彻底而已。[1]

在《一枚起请文》中，三心四德[2]等被引以为例，这是法然上人应好学弟子们的邀请而作的吧。他自己被流放至乡野，接触到许多"一文不名的蠢钝"之人，看到他们反复念唱"南无阿弥陀佛，南无阿弥陀佛"，无任何"智者举止"，还保持着"出家人无知"的原样。法然被他们的纯真打动。在他70余年的生涯里，与学问斗，与智慧才能斗，对抗传

---

[1] 这是我在后面的章节中特别提到的，与其将法然和亲鸾视为两种人格，还不如将他们视为一个人更好。法然在亲鸾那里获得了重生。在这里，我们注意到在法然的生涯中存有某种鲜活的东西。换言之，我们应该说，日本式灵性首先被法然唤醒，然后被亲鸾引领。只要查看法然的教义就会发现，有很多迹象表明他本应受到南北学匠们的迫害。在那些仅靠论文，只知道坚守空洞的概念世界，并试图以此获得出世虚荣的人看来，"法然房"（作为僧侣，法然的正式名字是法然房源空。——译者注）这样如同"罪人"的人，如同"愚钝第一"的人，是不可能加入他们的。若在今天，他就是一个所谓的危险分子。他们对法然以及一伙人一味地迫害，从这点看，还颇具合理性。——作者注

[2] 佛语。三心为至诚心、深心、回向发愿心。四修为无余修、长时修、无间修、尊重修。——译者注

统思想的压迫，他第一次注意到这些并没有使他的心境发生任何变化。当他遭流谪时，他之所以高兴自己能对远隔之人进行教化，未必是因为他感觉到自己要为别人工作，而是因为他觉得自己也应该向他们学习。可惜的是，法然上人那时已是一位垂暮之年的老僧，他没能像亲鸾一样，将更有生命力的东西传授给弟子们。不过，如果说因为有了法然的存在，才使得亲鸾的体验变得可能的话，那么，我们可以清楚地看到，灵性存活于个者，而且通过个者又成为超个者的一个人。

法然与室泊 [1] 的游女友君 [2] 见面，是日本灵性史上值得书写的一件事。数百万人在生死战场，固然也是世界灵性史上的事件，况且如此多的数量也会震撼我们的心灵，但如果从质的视角来看，触动游女友君的宗教意识的东西，也必

---

[1] 今兵库县临海地区。——译者注

[2] 游女，妓女之意。法然流放四国时途经净运寺，引导游女友君念佛往生。友君自知罪孽深重而陷入痛苦，法然上人救助了她。现该寺留有友君像和法然上人像，成了教化之地。——译者注

定是世界级的重要事实。业障的问题、因果纠缠的问题之所以重要，并不在于数量上的惊人。俱胝 [1] 在一指禅里，是指"一生用不尽"，确实是这样的。只要念一声南无阿弥陀佛，就有可能带动整个娑婆世界 [2] 的一大转机。如果说日本式灵性的低声细语没有回响在"一文不知尼入道"的心灵深处，那是谎言。其实，恰恰"一文不知"才是引发回响的关键。

一般认为，游女在很大程度上是游离大地而存在的。我们并不知道她们在法然上人的时期过着怎样的生活，也不知道她们在社会上占据怎样的地位，但是，她们不是属于"一文不知尼入道"吗？当时的日本文化被作为公卿文化代表的京都大宫人垄断，因此我认为，室津的游女友君即使在前世恶业之苦中挣扎，也不会对此做原因的思考吧。然而苦难就是苦难，游女友君曾经烦恼过怎样才能从中逃离。不然的

---

[1] 梵语 koti 的音译。表极大之数，相当于亿或万亿。——译者注
[2] 指释迦牟尼佛所教化的三千大千世界。娑婆汉译"堪忍"，因为此世界的众生，堪能忍受十恶及诸烦恼而不肯出离，故名"堪忍世界"。——译者注

话，游女友君是不会走近法然的吧。虽然我们并不知道当时的佛教向地方传播了多少并被接受了多少，但毫无疑问的是，法然的南无阿弥陀佛确实是地方人的福音。以现世利益为基调的传统佛教，即只知道这一点的日本精神界，通过法然上人前往这个地方，首先从游女友君的灵性中觉醒这件事，绝不是毫无意义的巧合。游女友君虽然离开了大地，但无可怀疑的是，这个距离绝对不如与云上人那么远。虽然她们没有直接起卧于大地，但大地却环绕着她们。大地的乡土味肯定侵袭了她们。游女友君的生活不是概念的、抽象的，而是带有活生生的现实性的。这种现实性，正是大地的根本性格。可以说，法然上人的宗教也在这里找到了与日本式灵性心有灵犀的东西。

在前往四国[1]之前，法然上人在播磨高砂[2]之浦，拜访

---

[1] 日本四大本土岛屿之一，位于九州东北、本州西南方，居于日本国土的西部偏中处。按现在的行政区域划分，四国有德岛县、香川县、爱媛县和高知县四个县。——译者注

[2] 位于日本兵库县东南部，是一座临播磨滩的城市。——译者注

了一对从事渔业的老夫妇。在这里，念佛再次邂逅了现实生活。渔夫没有学问，没有任何政治或社会地位，只是一介站立于大地的拥有烦恼的凡夫俗子。于是在他的心灵深处，也有了反省自身业力的能力，萌生了恐惧地狱之苦的心情。这绝不是一种观念上的行为，而是纯真的情性透彻于灵性的过程。由此，法然上人没有给出任何概念性的句子，他只是传授佛陀的悲愿和念佛本身，而且老渔夫没有任何痛苦就立即吸纳了这些传授内容。事实上，日本式灵性就是从这种现实的纯粹性中产生的。渔夫的生活并不如农夫那样平稳，不过就其现实性和纯粹性而言，他也没有离开大地。游女与渔夫是一对绝好的诗意对照，但从灵性生活的角度来看，他们都是法然教化的正机[1]对象，因为他们都有与大地切合的东西。

这里引用《敕修御传》第 34 卷渔夫与游女的对话来说明上述观点。

---

[1] 佛语。谓正当之机类，即正可受其教法之机根。如净土宗言恶人正机、女人正机等。《法华玄义》卷六曰：未来善恶为正机也。——译者注

| 灵性 |

播磨国高砂一隅明石浦，有多人结缘。其中有年过七旬的老翁，年过六十的老女，他们是夫妇。老女说：我是明石浦海女，以杀生为业。杀者，落入地狱，痛苦不堪，何以得救？她上手合十，泣述着什么。法然出现。他怜悯这对老夫妇，便告之，口念南无阿弥陀佛，化缘佛陀之悲愿，就能往生净土。两人感动得流下眼泪，受领了法然的教化，在海边一整天，专事念佛。到了晚上，回到家里，提高嗓门，整夜念佛，让周围的人都很吃惊。

同国室的宿泊地，驶来一小船。那是游女的船。游女说，上船吧。又说，我何罪之有，会成这等人呢？我这罪孽深重的行为，来世何以得救？法然出现，开始说教：罪障实不轻，酬报亦难料。依过去宿业，得今生恶身；依现在恶因，感将来恶果，此事无疑。若此业之外，有度世计略，则速离此恶缘；若无度世计略，有不顾身命之志，亦可舍此恶业；若既无度世计略，亦无舍身命之志，则应唯任此身专念佛也。阿弥陀佛为如你等之罪人发起弘誓，其中有"女人往生愿"。是故，女人是本愿之正机也，念佛是往生之正业也，应深发信心，敢勿卑下。不论罪之轻重，唯仰本愿而念佛者，往生无可疑也。听了法然的教化，游女信心坚固，专住山里，一心念佛。但不久临终正念，得到了往生。

日本式灵性的主体性

走向佛教

如果专注念佛，就能得救或免下地狱，那是无法发现日本式灵性的。因为如果是这样的话，那么中国也会有灵性[1]，日本在镰仓时代以前也会有灵性。另外，想通过把这种想法（念佛得救或免下地狱）渗透到民众之间，来深化民众的宗教意识，也是无法发现日本式灵性的。因为这只是承认了佛教的流行，并没有触动日本民族所具有的"本

---

[1] 作者铃木大拙在前文说过中国有中国式灵性，这里通过举例，又说中国没有灵性，从行文的逻辑看似有自相矛盾之处。——译者注

具"[1]。如果只是抽象地谈论灵性，那么只要谈谈佛教的渗透性就足够了，因为灵性与佛教是普遍关联的。然而，我所要说明的是，日本式灵性本身进行了怎样的运动，以及它是如何对佛教产生作用的。换言之，我们想要确认的是，日本式灵性首先从佛教中分离出来，当它经由时代更迭，面向逐渐抬头的机运时，恰好与佛教发生碰撞，这时的灵性对佛教而言，究竟显示出了一种怎样的力量。的确，从历史巧合的方面看，有佛教的传来、佛教的受容、佛教的研究、佛教的传播等。若仅从这点看，似乎可认为日本式灵性只是被佛教左右，并竭尽所能地追随和吸收佛教。但是，灵性原本是鲜活之物，它并不总是处于被动的位置。即使在物理世界，纯粹的被动在一开始也是不存在的。如果物的存在本身就是一种力的表示，那么施加在物身上的力，就会根据物所具有的力的不同产生各自不同的反应。物的存在尚且如此，更何况是在灵性的场合，在看似被动的地方，其实际能动的力量会产

---

[1] 佛语，即本自具足。——译者注

生很大的作用。由此，我们不说日本佛教是日本化的佛教，而是说日本佛教是日本式灵性的表现本身。当提出这个表述的时机成熟时，灵性就从佛教的形态中借用了它的体相。我觉得这样理解日本佛教这个词的含义就可以了。尽管如此，仍有人会认为如果没有佛教，日本式灵性根本无从谈起。但这就如同说雨就是草，没有雨，草就不会发芽，显然混淆了因果关系。虽然草木的生长离不开雨水、阳光、风和土壤等，但仅就这些，草木也是无法生长的，草木依然是草木。我想以草木的本然之力为主体来讨论日本式灵性。

不过，这里需要明确了解的是，虽说是日本式灵性，但其并没有任何政治含义。日本式灵性只是"日本式"的，并不意味着在政治上是要如此这般的，也不意味着日本式灵性比拥有其他特性的灵性更优越，也不意味着如果我们不征服其他灵性使之成为自己的东西，就有点愧对祖先似的。

梅就是梅，而不是樱。樱花和牡丹也是如此，在各自都有特异性的地方，生出各自的能力。只守卫一个个者，然后压制其他的一切，只是毁灭自己的近道而已。因此，日本式灵性不想附加任何政治价值，实际上也不应该附加。有日本式灵性这一特殊之物，也不是不奇怪的。灵性之所以是灵性，是因为它是普遍且一般的，所以若将其特殊化，就不再是灵性了，而仅仅是一种心理学上的倾向或意向。然而，这是只有从科学或哲学层面看待灵性时才会说的。因此，当我们在承认每个事实都有历史特殊性时，仍然可以说灵性中有日式之物。感性有日本式的，情性也有日本式的，因此，灵性也有日本式的。如果对感性做缜密的研究，就会发现在个人感性和民族感性之间，也存在着数量和质量的差异，不过外行人最容易理解的，恐怕是情性的个别性吧。以下举一些文学中出现的民族性的例子。

　　成为镰仓武士无以复加的纯洁风气的真髓的，还是平安时代的"知物哀"。既然平安士女的生活与镰仓武士的生活是如此的不同，那么由此表现出的事象也是不同的。在前者身上，表现出的是花鸟、风月、恋爱等；在后者身上，表现出的是军事关系与忠孝事迹等。不过除其外在之相，直窥其生命本真时，二者洋溢的则是同一情韵。有从不死之途而归，只是想将自己的诗作收进敕撰集，夜半叩开和歌大师之门的平忠度[1]；有在足柄山[2]月夜下传授吹笙秘诀的新罗三郎[3]；有对落花上心而痛恨大风的源义家[4]；有将梅花插于箭袋冲向敌阵的梶原景秀[5]；还有试图让平敦盛[6]逃走的熊谷直实[7]；等等。这些都生动表现了镰仓武士的风貌。只不过这些过于生动的事例，反而使镰仓武士的风貌变得浅薄化了。事实上，镰仓武士是强健的，忠君之情也是浓厚的。而赋予其勇武和忠义一种气韵，使其比花更美的，就是这

---

[1] 平忠度（1144 年—1184 年），平安时代平家一门的武将，平忠盛的第六子，平清盛的同父异母弟。——译者注

[2] 神奈川县的足柄地区，有民间传说中"金太郎"故乡之称的足柄山。——译者注

[3] 又名源义光（1045 年—1127 年），平安末期的名将。——译者注

[4] 源义家（1039 年—1106 年），平安时代后期著名的武将。——译者注

[5] 梶原景秀，生不明，死于 1611 年，战国时代的武将。——译者注

[6] 平敦盛（1169 年—1184 年），平安末期的武士，平经盛的末子。——译者注

[7] 熊谷直实（1141 年—1207 年），平安末期至镰仓初期的武将。他常打头阵，因不怕死而被评为"关东第一武者"。——译者注

种"知物哀"的风气。武士道绝不是通过字面上的解释而广为人知的，也不是用道理和教条来建构的。道理和教条只是其形体。除了身证体得[1]，没有其他法术可以掌握真体和精神。这就是禅学在镰仓武士中流行的原因。关于这点，有多种解释，如武士不知自己何时会死，所以需要宗教；或者说禅学之所以流行，是因为原有的佛教已经腐败。但我认为，原因还在于禅的直觉顿悟和对武士道的知物哀、知物心真髓的理解有着同样的趣旨。（堀维孝[2]《关于国民道德讲话》稿本。大正二年［1913年］。）

关于镰仓武士和禅的关系，我有另行撰文的打算。总之，很难知道对于那些被想象成只会诉诸武力的武士来说，理解风流韵事这件事本身，为他们的人生带来了多大的闲情

---

[1] 佛语。亦可简称为"证得"，意表通过修行领悟真理，掌握其果位、智慧、功德等。——译者注

[2] 堀维孝（1868年—1954年），日本的教育学者、国文学者，是日本国语汉文教育的权威。——译者注

逸趣。这种传统精神，即应该说是日本式的情性直觉，不仅在武士之间，也在町人[1]之间流传着，这是一个值得注意的历史事实。在其他方面，日本人也有丰富的情感——仅这点而言仍未脱去原始性的地方还有很多。当表现于善的一面时，便走向杀身成仁，这固然不错，但如果为狭隘的理性所控制，只向一个方面表现自己时，就会对国际政治和学术研究造成相当大的阻碍。

日式之物可以在情感直觉的基础上得到认可，这不仅体现在所谓的风流韵事和伦理关系的事实中，而且在政治机构中也得到了大力强调。不过，这些都没有超出情性领域，所以不是灵性的。镰仓时代发生的与外国异乎寻常的接触，以及从南宋而来的僧侣所传布的大义名分说等，极大地刺激了《神皇正统记》的作者北畠亲房[2]，在当时，日本人精神在政

---

[1] 町人是日本江户时代的一种社会阶层，主要是商人，部分是工匠和从事工业的人。——译者注

[2] 北畠亲房（1293年—1354年），日本镰仓时代后期、南北朝前期的公卿，后醍醐天皇近侍后三房之一。《神皇正统记》是为天皇家的正统意识形态而写的。——译者注

治和情性领域得到了进一步提升。然而，这终究是日本情性的提升，日本式灵性还与此无关。不问日式与否，灵性都有自己的领域，其作用当然与情性有所不同。当这些领域互为混淆时，就会在人的生活中发生令人生厌的纠纷，甚至会看到一个民族的进步受到阻碍。情性直觉一方面必须由知性保持其平衡，另一方面必须通过灵性的流入来纠正其偏执性。

灵性的作用方法

我们必须知道灵性在人类生活中发挥的作用。言及灵性，虽然并不是说在某个地方存在那样的东西，但由于它的作用是可以被感知的，因此为了谈论的方便，我们称之为灵性。所谓作用被感知，有点像今天常说的一种叫作宇宙线之类的东西，虽然不知道这种宇宙线是从哪里来的，但并不是人类制造的机械装置上会出现的东西。当我们试图赋予我们的生活本身某种意义，如果想定有类似灵性的东西，我们就能理解我们在说什么。我们绝不能将世间之物固定化。人的生活是浑然一体的，但我们的知性却想对此进行分析。其实，分析就是知性，或者说，分析被称为知性。不过，除了感性和情性之外，知性还试图区分灵性。当人们互相交谈时，说这是梅，这是松，这是雨，这是水，这是冰，这是水蒸气等，此外还说这是道德，这是勇气，这是科学、哲学、法律等，并做出各种区分，以确定各自的观念或概念的领域。这是一种便捷的叙述方式，但并不是说这些领域之间完全相互分离或完全不兼容。如果这样思考，反而会在实际生活中造成意想不到的混杂。人在追求思想的清晰、精致和确定性时，有时反而会适得其反。这就如同动物学家发现了一种新昆虫，医学家检测到了一种以前从未有过的细菌一样，思想家也可能会提出一个新概念，在这个新概念中，各种思想混杂在一起，而他以前并没有意识到这一点。然而在思想界，新构想的概念并不是像新的细菌那样的单个存在，而是一个天才创案，用来汇集过去各种纠缠不清的故事。我想，对灵性这一概念也应该这样理解。

因此，若问灵性的作用在人类精神活动中是如何表现出来的，这个问题可粗略地描述如下。我们视花为红，视柳为绿，感觉凉水为冷、开水为热，这是我们的感性作用。人的认识不会止步于此，我们还说到手的花是美的，还说凉水沁人心脾，这就是人的情性。感性的世界都被赋予各自的价值。在此基础上，还有对美的事物的渴望和对清爽之物的喜好。客观地说，这些东西并不是离身于我而价值化，而是收手于我才价值化的。这是一种意欲，也可以说是因为之前所赋予的价值意欲。总之，有时把情性与意欲分开思考是有用的。将这些不同功能分开的功能叫知性。此外，还有一些我觉得需要详细说明的地方，暂且省略，在此赶紧转向灵性的话题。

灵性是仅用上述四种心理作用无法做出说明的功用名称。所谓灵性，是让水的清凉和花的红艳在其真实中被感知的一种功用。所谓灵性，是说红是美的，冷是清爽的，并在其纯真中认识其价值的一种功用。所谓灵性，是对渴望美物、喜欢清爽的这种意欲，不将其归因于个者而归因于超个者的一个人的一种功用。虽然也有人认为这种功用是知性的所能，但知性不拥有对意欲起作用的力量。相反，知性甘做意欲的奴隶。最近，许多哲学家似乎都在谈论知性的无能，而在东方，人们早就认识到意欲的巨大力量，并尽全力克服它。就其自身之力而言，知性怎么也不是意欲的敌人。在某种意义上说，只有通过意欲，知性才能维系其能力。或者可以说，知性是意欲的产物，意欲为使自身能力更强、更有效，已经开始驱动知性。无论如何，知性本身无法摆脱意欲的桎梏，是灵性的功用使这种摆脱成为可能。正是灵性的出现，使知性超越个者成为可能。这就是无分别的分别[1]的作用。

但是灵性的功用仅此是不够的。如果是这样的话，那就不能称为日本式灵性了。在大圆镜智[2]中，灵性不再是妙观察智。只要制作一个或白或黑的基点，一般的普遍性之物就既可以是海，又可以是山。因此，它既不是海也不是山。用佛教语言来说，灵性就是成所作智。在这里，我们认识到了

---

[1] 无分别便已超越，但分别要超越这个无分别，想来这个分别就是无分别的分别。——译者注

[2] 四智之一，大乘佛教术语，指佛所成就的四种圆满智慧之一，另外三种分别为：平等性智、妙观察智、成所作智。——译者注

可以称为日本式灵性的特殊性。换言之，它是日式功能的发挥。至于到哪里去寻找这个功能的体现，讨论必须转向不同的方向。如果把大圆镜智称为灵性的知的直觉，那么成所作智就是灵性的意的直觉。这是一种非常笨拙且不精致的文字表现方法，但现在我只能暂用这样的名称。

日本式灵性的直觉

如果说灵性功用的两个方面是知的直觉和意的直觉，那么可以想见前者是作用于感性和情性的，后者是作用于意欲的。人的生活意欲是一种行为、一种所作，这里有被思考为因果报应的地方，还有诸如罪业、死、来生等观念。所有这些，都被视为属于佛教思想之物。针对这些思想，我们的祖先是如何发扬自己的特殊性的呢？这种特殊性首次被揭示出来是在镰仓时代。在笔者看来，这是由于亲鸾。之所以这样说，是因为亲鸾并没有宣扬从罪业中解脱，也就是说，他不宣扬从因果束缚中获得的自由。他把这种存在——

现世的、相关的、业力的存在——留在原处，而把一切委托给弥陀的绝对本愿力的运作。然后在这里体认弥陀的绝对者与亲鸾一个人之间的关系。绝对者的大悲超越了善恶是非，而我们小思量、小善恶的行为则无法达到这种超越的境界。不考虑是放弃还是保留被认为此身拥有的一切，而是以自然法尔[1]来接受大悲之光。这在日本式灵性方面，简直就是随神的自觉。中国佛教得不出因果，印度佛教沉湎于"但空"[2]，唯有日本式佛教，不坏因果，不灭现世存在，而且让弥陀之光原封不动地包摄万物。这是只有因袭了日本式灵性才开始有的一种可能，镰仓时代是使之成为可能的契机。不可思议的是，虽然有着持续了约1500年的历史，但净土思想在中国却没有达到亲鸾的灵性直觉。在日本，从源信僧

---

[1] 佛语。所谓"自然"，即指事情之自然形成；所谓"法尔"，即指依循真理而同于真理。这样看，"自然"即"法尔"，"法尔"即"自然"。亲鸾以舍弃自力而将一切付托于如来之手，称为自然法尔，意谓投身于绝对真理的弥陀之中。——译者注

[2] 佛法用语。小乘佛教分析诸法，知道一切事物有空理之一面，然不知其反面同时存有不空之意义，称为但空。——译者注

都经由法然上人，亲鸾的思想马上就抬头了。这样的思想在中国、印度和欧洲[1]都没有。为此，甚至有人说亲鸾教不是佛教，这是完全正确的。这确实是日本式灵性直觉的产物，因为它恰好遭遇了镰仓时代勃兴的佛教的弥陀思想的刺激。

认为现世生活是一种罪业，而且从我们现在的立场来看，可以肯定的是，这种罪业没有任何条件，只需信的一念，就绝对能为大悲者之手所"摄取"。这种立场所反映的就是罪业的本来面目。也就是说，这就是自然法尔，是纯粹禅，是无义之义，是随神之道，是无可言说之物，是"蓦直向前"的直心[2]本身，是拒绝"自以为是"的无分别的分别。这是断绝斤斤计较之情，亮出赤裸裸、净丽丽的心之圆润。不过，我们不可忘记，这里又添加了一个概念，那就是绝对的大悲。为这种大悲所包摄，心就会变得赤诚。不立文字是可能的。随神依旧是随，但现在有了一个飞跃或横向超越，

[1] 犹太教和基督教。——作者注。
[2] 佛法用语。强调心地正直、不谄曲、无虚假。——译者注

日本式灵性在这里得到了最纯粹的认可。个者的具体的个人接触超个者的一个人，成了"唯有亲鸾一个人"的一个人。抓住这个妙机的是信[1]。这里的信，并不是指个者的一个人面对对象有信心。个者的个就是具体的个人，具体的个人又是超个者的一个人。由于这种灵性直觉首次出现在日本人身上，因此必须将其称为日本式灵性。抽象而言，无论是印度还是中国，对灵性直觉都只能加以说明而已，但具体而言，作为个者的经验事实，灵性直觉是在一个日本人身上产生的。从那以后，每个日本人都有机会得到它。[2]

亲鸾的日本式灵性的背景

　　若问：在镰仓时代，亲鸾的净土思想是如何以宗教意识

---

[1] 佛语。指信仰的行为，或信心本身。——译者注
[2] 如今的真宗信众并没有从根本上抓住自己的宗旨，而是从与其他教派的关系、教义传统、表面仪式、法事、生活形态等角度来看待之。笔者认为这是一个错误，有机会想就这一特殊课题做进一步的研究。——作者注

为背景的？那么我们必须观察以下的历史事实。

历史学家说，平安末期开始流行末法思想，人们对现世产生了反感。趁着这个机会，净土宗得到了积极的倡导。一些佛教徒甚至将永承七年（1052 年）视为末法的开始。但当时人的思想是否受这种概念宣传的影响，我认为必须更深入地研究。尤其是"末法"概念，是有佛教知识的佛教徒说出来的，除非这个说法下面有一些根植于生活事实的东西，否则就毫无用处，之后也不会产生任何作用。我认为当时的日本人，一般都没有对末法说长道短。不过他们一定感觉到这个社会存有某些不安，似乎有某种政治、社会、思想的变革即将袭来。平安末期世态的变化、经济体系的崩溃、政治权力的更替、意识形态的转换等——在日本人生活的整体面上，使得日本人有总觉得"这样下去可不行"的心境，尽管是无意识的。他们并没有把它作为末法思想来接受。社会的上层即一伙知识人，会把这种社会层面的普遍的不安感命名为末法，并试图对此采取相应对策。这样的想法肯定是存在的，特别是在佛教徒中，运动大概也因此展开了。然而，这对于与大地接触并生活在大地上的，对政治与"宗教"——总的来说对抽象的文化毫无兴趣且与之毫无关联的地方乡人，以及过着最为现实的生活的日本人来说，倒是无关痛痒的。他们的日本式灵性，除迄今为止的情性生活和情性直觉之外，还通过攫取一些基本的东西，以求得内心的安宁。他们对难懂的道理、烦琐的科学、阶级的构成等不感兴趣。他们未停止过在日常生活中寻求更直接、更强大、更能发挥作用的东西。他们未必有意识地提出这样的要求，但内心一定感到一种焦虑。一个敏锐的宗教天才，必然察觉到这种焦躁不安在社会意识层面上漂浮着。宗教的清澄之心，或充满爱意之心，必然对此最为敏感。据说观音菩萨有求必应，但一个拥有丰饶灵性之人，必定会即刻体察时常行动者的心。或者可以这样说，随着历史时间的推移，在其中生与死的个者灵性最富于接受性的层面上，个灵反映出作为超个者的一个人的宇宙的大灵。由此，可以说伟大的个灵就是宇宙灵，即超个灵的反射镜。当观察伟大个灵的所作所为时，我们就能读取超个灵的内容。[1] 亲鸾圣人的伟大个灵就是这样达成的。他触摸到了当时正在与大地碰触的日本式灵性的真实。说末法这样那样，并说末法从这种抽象概念中创生出了净土真宗等，并非随随便便之语。学者们试图在书本和制度中读取宗教，因而他们无法触及宗教生活本身的气息。因此，即使绝对者的绝对爱之类的东西，也是从逻辑层面编织出来的。一般而言，思想和逻辑是后来之物，先行体验必须是绝对爱本身。这就是为什么我想在亲鸾觉醒之处看他，而不想像许多历史学家、佛教学者那样，从净土思想的传统立场来看他，说他是这样或那样的。

伊势神道

镰仓时代日本人的灵性被唤醒这一事实，虽然有多种

---

[1] 在铃木大拙的笔下，作为个体之人的灵，就是个灵。但如果个灵就是个灵，那就不是个灵。由此故，个灵一定是超个灵，超个灵一定是个灵。超个灵就是超越个与多的个灵综合成的普遍之灵。照铃木大拙的思路，超个灵是"宇宙灵"和"大地之灵"的另类表述。——译者注

因缘，但无论如何，这一事实是确实存在的。这一点可以从当时倡导伊势神道的事实中得到确认。即使伊势神道兴起的机缘未必与灵性有关联，但从它兴起这一结果中可以明显地看到这一事实。社会上常有人说神道里没有任何思想内容，即便有的话，也是从佛教、老庄或儒教那里借来的。这话有一定道理，但即使是从别处借来的，也必须有借用的主体。由于神道的内容被认为必须具有质朴性和原始性，因此它有足够的实质内容来对抗所谓的外来之物——对此不能一笔勾销。之所以这样说，是因为神道总是以神道之名，将"外来"作为其对手，强调自身的自立性。当然，神道总带有强烈的政治含义，这是毋庸置疑的。但如果什么都没有，就不能肯定那个自己。那么，何谓"那个自己"的自己之物呢？在我看来，第一次意识到"那个自己"的是伊势神道。也就是说，伊势神道体现了神道的觉醒。由此，伊势神道成了所有神道的根源性之物。当这个根源性之物通过个者的分别性出现的话，就会变得或如老庄，或如佛教，或如儒教之类。所有这些，都只是它因人因时采取的不同的表现形式。在很多场合，这些各自不同的表现形式总是被涂上浓厚的政治色彩，但这是对神道本身的一种功利性描述，已属一种偏离。日本式灵性的一面，确实在神道中也能看到。但是在神道中也有并未出现的另一面，这就是只被亲鸾教认可的绝对者的绝对悲（或无缘大悲）的一面。所有的罪业和因果，都能被绝对者的大悲摄取，这是亲鸾的超个灵观。我相信，像这样获得超个者灵性的亲鸾一个人，才是日本式灵性的具体体现者。这样说是非常妥当的。无论是伊势神道还是其他神道，都没有对这个超个者的大悲者有所觉醒，但日本式灵性则通过亲鸾的个灵，在那一面映现出了大悲者自身。不知大悲者的灵性，就是对灵性的真实性还未有所觉醒。而且只有在日本人身上这种觉醒才有发生的可能性。更为甚者，我们必须在让这种可能性在世界上发挥巨大作用的事实中找到日本式灵性的意义。不得不说，那些只强调日本性却不具有并且抗拒世界性视野的人，还真没有明白何谓日式之物。当触及灵性问题时，尤其如此。

通往根源之途

神道作为根源之物，维持其独立立场的诸直觉，并非灵性的，而是属于情性范畴。在镰仓时代，当这些情性直觉试图建立一个以灵性直觉为基础的概念体系来统一自己时，可以说神道向灵性的方面迈出了一步，尽管不是无意识的。清明心、丹心、正直心等是情性的，还没有进入灵性的领域。而所谓的斋戒（物忌）也好，祓除污秽也好，如果无法加深一贯的做法，那就走不出原始民族的心理。伊势神道试图为这些情性直觉提供形而上学或宗教的基础，但不能说是成功的，因为这些并不是灵性直觉。属于情性面的东西不可能有形而上学的基础，最多只能说是一种心理学上的特性。因此，那些寻求创立神道哲学的人们，显现出尝试依靠佛教、儒教或其他一些思想体系的倾向。这样做的一个结果，就是使神道失去了独特的地位。神道直觉虽说是日本式情性，但它还未达到日本式灵性。后者是通过亲鸾的个者灵性，作为绝对者的绝对爱而被感受到的，并且首次得

入 [1] 自身。

神道直觉之所以是情性的，是因为它是一种还未被否定过的直觉。感性直觉也是如此，带有单纯、原始性的直觉，如果不穿过否定的炉膛，就不能成为灵性之物。只有在尝到了否定的苦水之后的直觉或肯定，才能在其基础上构建形而上学的体系。面对神道式的东西，我们情不自禁地能感受到这是日式之物。确实如此，就这点而言，我们所有日本人都是神道者。然而，我不禁觉得那里缺少了一些东西。我必须说，这是因为在神道直觉里缺乏日本式灵性。诚然，原始的、婴儿性等的东西，自有一种魅力，这是事实。谁都会被它们吸引，作为一名成人、老人都是如此，不过，如果自己是个婴孩，那是不可能有婴儿性等意识的。当它被意识到的时候，就是它被否定的时候。而且，如果这种否定很强很深的话，每次都会相应地有对原始性的憧憬，因而对原始性的得入也会很强很深。换言之，灵性直觉就会提升其清晰度。

----

[1]《妙法莲华经》里有"得入无上慧，速成就佛身"的说法。——译者注

由此出现的不再是情性直觉，而是灵性。

在"在其所在"中，草木皆如此，猫犬皆如此，山河皆如此。当"在"不是"在"，并回归"在"的时候，那就是本来的"在其所在"。人的意识是应该经历这样的过程的。如果有人说这是不必要的曲折，是病态的，那就到此为止了。对于那样的人是无话可说的。面对透网[1]毫无经验的金鳞，就算问它以什么为食，它也是说不清楚。虽然这是无可奈何的，但在直觉的世界里是有这样答非所问的事实的。从更高的直觉可以看到下面，因为那是你自己经过的地方。但是从下方看不到上面，那是由于空间的限制。无论如何，这个"在其所在"必须被强烈地否定一次，"在"就是"不在"。感性或情性直觉进入灵性直觉的途径只有否定。如果不经过一回花红但也不红，是美但也不美的否定，那花就不是真红，美就不是真美。对于那些说"这很奇怪"的

---

[1] "透网金鳞，何以为食"出自禅宗的一个公案。三圣和尚问雪峰祖师："透网金鳞，何以为食？"言下之意是得道之人，明心见性、大彻大悟了，那平常又是如何生活的呢？前句讲万法归一，后句问一归何处。

人而言，无论你说什么，都不会成为让其认可的事实，这并不奇怪。因此，要让灵性直觉在眼前显现，污秽就不能仅仅是污秽，还必须成为地狱所定的罪业。红心变黑，天地黑云笼罩，人也必定无处安身。神，仅仅居住在诚实的头脑里是不够的。神也好，诚实心也好，清明心也好，都必须被彻底否定，一切都必须再次沉入万丈深渊。然后，当气息从那里复苏时，天岩户[1]打开了，天地第一次迎来了春天。神道缺乏类似灵性直觉的经验。而如果试图做概念上的补充，就会用从别处借来的材料制作衣饰。"在其所在"遵循否定之路，然后返回原来的地方，这种状态是日本化的。这被称为日本式灵性的超越。不管怎么说，这种超越发现了绝对者的绝对爱。这种绝对爱不给对象附加任何相对条件，而是以应有的"在其所在"的状态接受之。显然，这里有着日本式灵性的自觉。肯定善、否定恶是普遍的伦理，但在日本式灵性

---

[1] 日本神话中有天照大神隐藏于天岩洞窟，使世界陷入黑暗的天岩户传说，该传说起源于天岩户神社（位于宫崎县西臼杵郡高千穗町）。——译者注

直觉的场合，善恶均被否定。然后，再将善作为善，将恶作为恶。而且从绝对爱的立场来看，善与恶都保持原样，都不会为爱本身所摄取和抛弃。见污秽而被除，表明还不能走出对象的逻辑之域。被被除的污秽，必定还会卷土重来，这是对象世界的必然。因此可以说，污秽是在去除之后又靠近我们的。当我们说清洁区域里应该没有尘埃时，不是已经有一尘粒飞来了吗？被除是感性和情性世界中的一个事象。当来到灵性直觉世界时，就既没有污秽需要被除，也没有被除的必要。这就是"在其所在"。此外，污秽会不时被被除。当到达"原原本本"的真意之际，这必然成为直觉的事实。神道一边温存于情性世界，一边又试图用概念来表现灵性世界。这就让人感觉有不足之处。这是因为在日本式灵性的基础上，可以感受到绝对爱作用的经验事实还没有出现。

灵性的佛教式显现

通常认为亲鸾是一位佛教徒，因此他的经验和他的言论也是佛教的。不过，这样看他是有缺陷的，除此之外，他还是日本人。可以说，身为日本人是他的本质，作为佛教徒是他的偶然性。我们是父母，也是孩子。在看到我们作为孩子的同时，也必须看到我们作为父母的地方。似乎可以这样说，生于镰仓时代，做法然上人的弟子，是亲鸾圣人成为净土教修行者的必然。然而，他是日本人这个事实，可以看到他有日本式灵性的直觉，这也印证了他从法然上人那里继承的思想。灵性本身是超个者之底，但除非通过个者，否则灵性无法表现自己。换句话说，它必须是"唯有亲鸾一个人"。绝对爱原本是超个者的，但当它让人在个者之上产生直觉的时候，才是真正的绝对。这种矛盾必须是亲鸾的体验——并最终成为我们的宗教体验。这种体验是镰仓时代的日本人当中的一个人所经历的，而且这是世界上其他任何一个宗教徒都无法体验的，就连被两千年的净土系思想传统滋养的中国，也没有哪个佛教徒体验过。因此，这被称为日本式灵性的直觉。日本式灵性中一定有某种固定的东西，使得这种直觉或自觉成为可能。

为什么神道流派的人，谁也没有体验过呢？有人甚至说出神道才是最为日本式的，不入其流就不是日本人这样的话，那么，为什么神道家们没有类似的灵性直觉呢？其原因正如我之前所说，神道的经验是感性的、情性的，而不是灵性的。灵性直觉首先是以个者灵，即一个人的直觉为基础才有可能。不过在神道中有足够的集团性和政治性的东西，但就是没有一个人的东西。所谓感性和情性，最喜欢集团之物。正是通过将自己投射到集团中，自己的存在才最能被认可。而灵性直觉是孤独的，这在神道里是没有的。这就是神道里没有"开山"[1]一说的原因。由于"开山"总是在个者之上映照出超个者的一个人，因此不可能带有集团性。集团是围绕一个人的"开山"聚集而成的，扩展在集团上的东西是没有中心的。某种意义上说，这是一个整体。但这种整体性是一种没有中心的集合，可以说只是群众。在任何时候，群众都是根据自己的感性和情性来行动的，并常以一种摇摆不

---

[1] 佛教用语。指建立寺院，亦指开创寺院的僧人。——译者注

定的方式行事。显然，这种行事方式必须以灵性直觉为指导。毕竟只有在灵性直觉的基础上，才能添加形而上学的体系。没有这个体系，仅凭基于感性及情性的诸直觉是无法立足的。这里，生出了神社神道[1]和宗派神道[2]的区别。[3]事实上，前者非但没有生出应处于中枢的灵性直觉的一个人，反而由此生出了政治行动。混同情性世界与灵性世界，不仅在逻辑上是不清晰的，而且也会给集团的实际生活和行动带来不小的危险。

神道与佛教

凝视神道时，类似以下的幻想就会浮出。作为日本人，

---

[1] 神社神道是日本神道的主体。顾名思义，是指以神社为中心的神道。该神道主张神皇一体，即祭政一致，与国家关系密切，政治性较强。——译者注

[2] 也叫教派神道。产生于江户时代后期的新宗教，明治政府先后批准13个宗派为宗派神道，俗称"神道十三派"。——译者注

[3] 虽然我认为神社神道和宗派神道这两个名称非常缺乏精确性与妥帖性。——作者注

总觉得有一种怀念之情。虽然不是一望无际的区域，但也有一个树木繁盛的广场。广场中央矗立着一座四面敞开的白木建筑，屋子不是很大。木屋周围的庭院，有一面铺满了白色砾石或卵石。庭院里没有一粒灰尘，实在清爽整洁。周围流淌着的小溪，清澈见底。还处于拂晓，但不知从何处升起朝日，其光线透过林木的空隙，照在小木屋和周围的白色沙砾上。蓝色云霭笼罩着整个地区，清新之感难以言表。好像有声音。仔细听去，是从小木屋里传出的。只见一人身着白色服饰，在空荡荡的屋里正襟危坐，咏读着什么，琅琅书声听起来非常谦虚谨慎。这是在某种威严之物面前的恭敬之态吧。他的神态中充满了紧张，似乎没有轻松的感觉。然而，整体场景似乎可以让人感受到清朗的阳光。可以说这是元旦早晨的心情吧："家人留下一神剑，元旦佩带迎新春。"[1]

与此相反，从绝对爱的灵性直觉中会浮出怎样的幻想？例如，想象一下，亲鸾被流放到越后，成了所在地的一名百

---

[1] 这是江户时代向井去来（1651年—1704年）的代表俳句。——译者注

姓。据说他曾经仰慕过平安时代的念佛者教信沙弥。教信过着一种怎样的生活呢？看看下面的记录：

> 沙弥（教信）原本为兴福寺一学匠，探究唯识及因明。不乏衣食与童仆之财宝，但也深怀厌离秽土、欣求净土之心，决然出寺，隐蔽踪迹，身涂土灰，向西行进，至播州贺古郡西野口。有消息称，广远晴和的西方，有欣求极乐之地。遂结草庵，毛发不剃，指甲不剪，袈裟不着。向西不砌垣，不置本尊。带妻女，被里人雇使，耕田地，或帮旅人搬运行李，裹衣食。常称弥陀佛名，昼夜不休，人称阿弥陀丸。如同除念佛之外万事皆休。如是这般三十年。贞观七年（633年）八月十五日圆寂。云云。（《佛教大辞韵》第一卷所载）

沙弥是身穿布衣的百姓，满身泥土，汗流满面的脸，再怎么擦拭都没用。他好像除了兢兢业业地干活之外，其他什么都不知道。当他举起和放下每一锹时，都口念南无阿弥陀佛。是他的手把锹砸向大地，还是南无阿弥陀佛变成锹被大地吸附？全然无从知晓。总之，锹在空中舞动着。现在他也累了吗？仰面躺在地上，手足伸开。温暖的春日阳光，穿过遮阴的树叶缝隙闪耀在他的脸上。他是在尽情地体味这一切吗？实在不好说，但能听到打鼾声。有人给他送来一壶茶，装在一个黑黑的不显眼的土瓶里。他醒了过来，喝了一两杯。他似乎在和那个人愉快地谈论着什么，甚至还能听到一阵大笑。这是因为两人在期待秋天的收获，还是因为漫长而闲适的春光下，心情自然舒缓了他们的面部神经？与此同时，两人还口念南无阿弥陀佛。沾满泥土的手足，草木茂盛的原野——这不就是完完全全的与神同在的风景吗？这里，似乎没有正直心，没有丹心，没有清明心。只有一张充满笑意的大脸和布满汗珠的肌肤。这里的风景特色是：无心，但有裸肌。

端坐于朝霞还未照射到的广场上的白木小屋里的白衣人是日本人，双手被粪尿弄脏、臭汗满身的流浪汉就不是日本人？一个是食用稻米之人，一个是耕种稻米之人。食用之人易成抽象之人，耕作之人则总是按照具体事象生活。灵性就是在具体的事象里寻求食粮。身着白衣不能拿镐锹，衣冠束带不适合睡卧大地。那些不拿镐锹、不睡卧大地的人，再怎么也是不知大地、不通大地之道的。尽管他们会说他们知晓大地，甚至心里也这样认为，但那只是抽象化的、观念化的知晓。那些只凭大地赐予的恩泽之果来认识大地之人，是尚未亲近大地之人。亲近大地就是尝遍大地之苦。仅仅上下挥动镐锹，大地不会向你吐露秘密。大地虽不能言说，但如果为大地而劳作之人是尽真诚、去私心，认为自己就是大地的话，大地就会将这个人抱入自己的怀中。大地讨厌虚假伪装。农夫的敦厚纯朴，其实是授受大地之气的缘故。那些只专注于古典解释之人，只是从观念上知晓大地之恩泽和稻米之香味。绝对爱的灵性直觉，不可能在这样的观念基础上萌发。特别是日本式灵性，它是在具体事实的基础上培育起来的。如果没有这些事实的推动，它就无法发挥作用。日本人的灵性直觉，不是对文字和记录的检索，这种灵性直觉由此产生的是知性。知性的重要性，当然是无可怀疑的，但我们希望知性来自灵性直觉。反之，我们也不试图以知性言语为主，从中引出直觉。实际上这是不能相提并论的。必须牢记的是，那些宣扬情性直觉的人也憎恶知性，但这与灵性直觉不属同一系列。

灵性直觉的时间性

神道试图在宇宙生成论中寻求其全部意义。而且，通过赋予其政治的、历史的和伦理的价值，就可以认为万事尽收于我了。这固然也是题中之义，但如果因此生出无视日本式灵性存在的倾向，那分量就太不够了。如果认为日本人的存在对世界具有某种意义，对创造历史具有某种做出贡献的使命的话，[1] 那么，我们就不能疏忽对日本式灵性的特殊性的宣传。这样看，神道学派的宇宙生成论是用直线和时间性构成的，这不能称为生成的真义。如果我们试图用直线和时间

---

[1] 本书作者确实相信这一点，本书的写作也是出于这份心情。——作者注

来解释历史记忆，那么现在和未来就不会从中出现，甚至连过去也是被限定的。历史因此会失去创造性而变得固化，灵性也无法发挥作用。一旦将时间当作直线来思考，一切都会变成几何学图式，天地间的孵化生育也随之消失。所谓活着，并不是画长线。几千年、几万年甚至几亿年都是可以设想的，但生活方式有开始就一定有结束。无限必须既适用于过去，又适用于未来。这不可能是一条有限的直线。事实上，直线都是有限的。正因为有限，所以才是直线。由于无限在某一点上被切割，因此才产生了直线。无限不可能是一条直线。如果说从这里开始，那么就在这里结束，这在开始的时候就已经是确定的。任何受到这种限定的东西都是无法存活的。生命必须是无限的，也就是说，它一定不是一条直线。生命是个圆，一个没有中心的圆，或一个以任何地方为中心的圆。这种生的无限大循环性，只有通过灵性才能获得直觉。所有其他的直觉都必须在某些方面受到限制。

一定有为数不少的人说，无限大循环是不可想象的，这是最荒唐的抽象概念。那些没有灵性直觉的人总是会这样说。那些对灵性世界的真实性缺乏经验的人，总是在反对这个概念。事实上，那些用直线的时间观来看待世界、历史和生活的人，将他们对无限大循环的看法限定在那条直线和那段时间中，而没有意识到这种限定反而是抽象的和概念化的。在灵性直觉中，被认为在时间和空间中活动的生命，其实是处于无限大循环中的。绝对不要用分别的知性来揣度、比较和批判这种直觉，这些应该建立在灵性直觉之上，而不应该从分别性中引出直觉。如果颠倒了这个顺序，最具体的事实就会变得抽象和概念化，就觉得像做梦一样。[1]

如果我们用直线的时间性来解释宇宙生成论，并认为它

---

[1] 这里想起"南泉一枝花"的故事。有一次，一位叫作陆亘的官员拜访南泉，引用僧肇（384年—414年，东晋时中国僧人）的话说："天地与我同根，万物与我共命。"并问：这是颇具神秘的语言吗？南泉听后当面并未回复，只是指着庭院前的花，召大夫云：时人见此一枝花，如梦相似。现时眼前开的菊花，或许并不是这般现实且具体的花，真的有此见解之人，乃是灵性觉醒之人。具有万物一体观的人，因为不离哲学概念"间"，所以"花以花见无以可能"。花也如梦相似，其影淡雅，成抽象之物。感性的世界即便说成是现实的，只要没有灵性直觉支撑，就成漂浮之物。在知性的分别境界里的彷徨之物，其真实具体性仍未得到贯彻。——作者注

是尽善尽美的，那么生成的产灵[1] 就会成为生物学生命的一个碎片，失去其灵性。之后神道融入了真言宗传授的两界曼荼罗[2] 的二元论和感性的解释。神道与真言宗的拥抱，在这一点上被认为是自然而然的结果。佛教徒所说的法界缘起[3] 是以华严经为基础的，但这是否对神道产生了影响，笔者不得而知。不过只要神道以直线的方式解释时间，就可以想象它与华严的法界观是无缘的。尽管日本四面环海，却没有海洋性的世界观或历史观，这是不可思议的。换句话说，河流的直线性应该被海洋的圆环性替代。之所以没有出现这样的思考，我想是因为直到镰仓时代，日本式灵性还没有达到自觉的境地。如果不能走出感性及知性生活领域，那么宇宙生成的事实，只能在直线的时间性基础上构成。灵性直觉并不是

---

[1] 神道术语。日本人认为天地万物皆有灵，"产灵"顾名思义就是促成天地万物的产生、发展与完成的一种力量，或者说拥有这种力量的创世神。——译者注

[2] 亦称金胎两部，即"金刚界曼荼罗"和"胎藏界曼荼罗"两部曼陀罗合起来的简称。——译者注

[3] 是佛教华严宗基本教义之一，所谓法界缘起，乃自在无穷。——译者注

破坏这种感性和知性，而是深化之、提升之、巩固之，从而
使其成为事实。当这种感性和知性建立在灵性直觉之上时，
它就会在它所属的地方安定下来，并重新获得安定性和包容
性。当宇宙生成之理不是用直线来解释，而是被直觉感知为
无限大循环时，直线解释也就自然找到了它的位置。如果我
们只是把直线当作解释宇宙生成的最后之物而又没有其他东
西可作为背景之物的话，那么不仅是政治、历史、伦理、科
学、哲学、逻辑，就连日本式灵性的自觉也将变得毫无意义，
而且这种灵性直觉与宇宙灵或超个者之间的联系也将被切断。
这就意味着万物的毁灭，这无异于否定生命本身的自杀。

　　由于灵性直觉是一个无限的大循环，因此它的中心无处
不在，所谓"唯有亲鸾一个人"中的"一个人"的含义，就
可以被读取。我想无须重复，这个"一个人"并不是个者的
一个人。毫厘之差如同天地之别，如果这样考虑，就会造成
一个无法挽回的错误。一个人是超个者的一个人，是形成没
有中心的无限圆的中心。当我们感受到这个无中心的中心
时，灵性直觉就成立了。到那时，就成了"天上天下，唯我

独尊"的一个人。这是真正的个者——超个者的自我限定。不是个者的个者矛盾，被视为最具体的事实，这种存在具有终极性。一方面，亲鸾的日本式灵性在传统上受到法然的刺激，另一方面，亲鸾正是通过与大地活生生的接触，才真正建立了自己作为生物体的直觉。

必须说的是，作为超个的一个人，是有一种孤独感的，而且是绝对孤独的。正如"寥寥天地间，独立望何极"[1]一说，在一个没有中心的无限大圆环内承认一个人的中心，其意义无非就在于这种矛盾的逻辑。因此，孤独是绝对孤独的，而且是"春山叠乱青，春水漾虚碧"[2]。绝对孤独的一个人就是千差万别的"个多"[3]本身。类似这种矛盾之所以可能，是因为发生并存在一个最具体的事实，即我们每个人都在无限大圆环中占据一个无中心的中心。这就是灵性直觉。

由于灵性直觉是个者的最后体验，因此具有个人性。从

---

[1] 雪窦禅师在就任雪窦寺住持时引用的上堂语。——译者注
[2] 同上。——译者注
[3] 即个与多。——译者注

单纯的逻辑看，这可以被视为唯我论（solipsism），这样说也未尝不可。但是，又因为唯我论已经出现了一些不真实的东西，所以唯我论本来就不能根据单纯的逻辑而成立。尽管如此，在灵性直觉的世界里，除了直觉本身之外，其他一切都变得只具有次要意义。换句话说，任何不带个者的直接性之物，都被视为古旧过时的。我们不会沉迷于评论或解释他人的记录，因为那是旧衣、是库存、是传物、是报告，所以其本身是毫无价值的。灵性总是一个人的，总是即显的，总是赤裸的，因此它讨厌"藏身"于古旧世界。个灵开始直接与超个灵交涉，在任何情况下都无法容纳媒介者。因此，这种直觉一定是超个灵的个灵化，个灵是个灵但又不是个灵。由此必须是：个即超个，超个即个。正是出于这个缘故，我们说即心即佛就是非心非佛，非心非佛就是即心即佛。灵性直觉是最具体的，因此也是最个者的，由此故，也是最抽象、最普遍的。这就是一个人的直觉，意识到在无周边的圆环中，占据着无中心的中心。这里，若用亲鸾的日本式灵性表现，就成了"若仔细思量弥陀的五劫思惟之愿，这都是为了亲鸾一个人"。当被绝对爱摄取时，善也好恶也好，都原封不动地保持原样。二元的、历史的、直线的生活，是不能如实否定的。否定即肯定、肯定即否定的矛盾逻辑，同样适用于绝对爱，即无缘大悲的一面。不过不能忘记的是，日本式灵性并不把这种逻辑视为逻辑，而是视为对事实的直觉。

所谓佛教的通俗化

经常有人说净土思想是通俗化的佛教，我其实不太喜欢这个说法。这是因为原本的宗教就是建立在灵性直觉的基础上的，这个基础不是由某种概念体系随意创造出来的。所谓佛教的通俗化，可以理解为通过人为的工作，也即知性的操作，对一些东西进行剪裁，创造出适合每个对象的东西。如果我们首先拥有灵性直觉，那么就可以对其添加知性的工作。或者更确切地说，我们将不得不做一些这样的工作。直觉不会止步于直觉本身，人的意识会试图以某种形式来表现直觉。因而也可以说，宗教意识的建立，也必须有某种形而上学的体系。相反，如果从体系本身引出灵性经验，这无异于不鞭牛而先击车，后来者居上了。认为法然从天台宗教义中抽出净土思想，并将其加工成面向大众的东西，这种想法是无视法然的宗教经验的辩解，也没有充分了解作为通俗化对象的大众本身的灵性生活。我想问的是，非通俗化不可的理由究竟何在？虽有所谓的对机投合、时机相应等说法，但如果这在事实上是可能的，就必须有能够对应能（主动）与所（受动）的东西，或者必须有啐啄同时[1]、函盖相应[2]之类的东西。即使一方能动，另一方受动，如果受动的一方没有能动，两者之间也不会有什么交往。佛教的通俗化也是如此。在上层修行的佛教，是难以被大众原封不动地接受的，因此必须通过多加水或多加糖的方法使其通俗化。如果大众就像小孩服用糖衣药丸一样接受佛教，那么佛教通俗化过程中大量精华

---

[1] 禅语。意味小鸡即将从鸡蛋中孵出时，母鸡从外面啄蛋壳的动作与小鸡从蛋里面破壳的动作同时发生。——译者注
[2] 禅语。函即盒。以盒与盖紧密相合，了无缝隙，引喻两物一致、无碍。——译者注

以外的东西即便是无害的，也一起混进来了。我不知道一般而言的普及或通俗化通常是否以这样的方式进行，我希望它有一个更明确的含义。无论如何，我想为接受通俗化佛教的大众一方想出一些办法。

尤其是在镰仓时代，佛教的"通俗化"之所以成为可能，原因之一就是它是在所谓的大众中间发生的。因此，我们必须假定，这些因素对大众的灵性生活产生了某些影响。正因为如此，相应的知性构造也就从原本的宗教思想体系中凸显或渗出了。只有当双方伸手合掌，双方才能携手共进。许多学者似乎倾向于认为只要人为操纵，改变外部机构，内面生活就会与之对应。固然，环境的影响足够大，但遗传也不容忽视。毕竟，因与缘必须成熟。在我看来，学者们应该充分重视这些经常被遗忘的因素，即遗传或灵性。

在这里，我想说的是两部神道[1]和神佛融通的思想。虽

---

[1] 日本宗教用语，是镰仓初期，真言宗以真言密教的金胎两部说配合神道思想而成立的理论体系，又称两部习合神道。——译者注

然这是从本地垂迹说[1]中产生的思想，但是学者一般将其视为佛教徒的诡计——他们为了在日本人中间传播佛教，将自己的教义与神道相融合。然而，没有比这更奇怪的想法了。即便作为善巧方便[2]的本家佛教徒，也不会想到通过胡乱篡改自己的理论，来虏捕神道诸神。我认为，神佛习合说是比这个更自然的发展。

在思想训练方面，佛教徒由于驰骋于"千军万马"之中，因此原本就不是素朴神道家的敌人。后者从一开始就无法与前者竞争。因此，神道家总是沉默不语，但佛教徒不能对神道保持沉默。这样说的原因，在于佛教总归还是外来之物，经过一定年月之后，遂成有机体。但如果不吸收这片土地上的某种既存之物，这种思想的有机体就不能形成自己。

---

[1] 是日本佛教兴盛时期的一种思想，日本神道的八百万神是佛菩萨的化身，称为权现。在理论上神佛具有同等地位。更通俗地说，当时佛教传播受到本地宗教抵抗，佛教僧侣为了解决这个问题，故意把当地神明改称为佛菩萨的化身，给予两者平等的地位。举例而言，天照大神等同本地佛大日如来，八幡神等同本地佛阿弥陀如来，等等。本地垂迹表现了日本思想兼容性和通融性的一面。——译者注

[2] 佛语。——译者注

神道已经是那里的存在之物。如果不对此进行一些考察，佛教就不能作为有机体存在于日本的国土上。神佛习合是在没有任何人为因素干预的状态下，是在这样自然的条件下顺应自然趋势而形成的。我对此深信不疑。所谓自然，就是在习合的事实中没有导入人为的技巧之义，佛教的通俗化也与此相似。就法然上人而言，也并不是有意图地用传统的思维方法炮制出一个"通俗化"的净土思想，然后从知性上开始着手这项工作。如前所述，末世思想的诸说，也掺杂交错了概念性之物，我想说的是，仅凭这一点并不能准确描述当时日本人的灵性生活。通过这一小节，我想论述的是，宗教意识的形成与确立，首先必须有灵性直觉，然后才能建立思想的构造。如是这样，若问这种灵性直觉是如何获得的，我们只能说这是人的精神在历史发展过程中，自然地被经验到的。历史发展包含相当复杂的因素，这里暂且不谈，我只是简单地说，从历史和时间性上来看，人的精神接二连三地发展了其中所包含的可能性。直到镰仓时代，日本人的灵性生活才有了最初意义上的体验。

走向传统的随顺与信

  这里，我还想说一个问题，就是所谓教义与自觉的关系。这是在过去就有的问题，可以用多种方式进行讨论。政治的、伦理的、宗教的、教育的，都有各自的立场。换言之，这个问题也可表述为他己与自己的能所（能动与受动）关系。公正地观察，两者都是相容的吧。若从宗教角度看，可以表述为他力与自力，当然，也可说成是法与机[1]的关系。基督教神学也有这个问题，只要有个者的观念，这个问题就不会终结。若从人的角度看，则又成了教者与受教者之间的关系，也就是受教者是全信还是部分地相信教者的教义的问题。如下面一段是道元禅师[2]有名的语录：

---

[1] 佛语。众生的"机"与阿弥陀佛的"法"为一体，两者是不二不离的关系。这是净土宗西山派及真宗所说的概念。——译者注

[2] 道元禅师（1200年—1253年），日本镰仓时代著名禅师，为日本曹洞宗始祖，提出"只管打坐"的修行法门，代表作为《正法眼藏》。——译者注

譬如何谓佛？吾等原本的知识告知：相好、光明、具足；有说法利生之德。或释迦、弥陀亦谓佛也。若有知识曰蛤蟆、蚯蚓亦为佛，吾等亦信蛤蟆、蚯蚓为佛，遂舍弃日常之见也。(《正法眼藏随闻记》)

从文字表面看，这段话给人的感觉是：对于师匠的任何教导，只有信才是遵行弟子之道。如果说山是"河"，弟子就说"对，完完全全"。如果指鹿为马，弟子必须回答"妙"，否则弟子会被说成是不信师匠而只信自己的大傻瓜。如果把对师匠或超己的绝对依靠说成弟子之道，那么弟子就不可能有任何创意，动态的世界也似乎成永恒的墓地。这就是道元的教导吗？从某种意义上可以说"是的"，若从其他的观念来看，又是非常的"不尽然"。可以说，宗教的传统就是由这样的矛盾构成的。

亲鸾圣人在《叹异抄》里有如下的告白：

对我亲鸾来说，只蒙信（法然上人）唯念佛可被弥陀救度之外，别无他法了。

这是与道元正相反的一面，即弟子一方所做的告白。然而，他们都必须以信为中心来看待两个个者的关系。换言之，这个问题并不涉及随顺等伦理条目，而是灵性直觉领域的话题。如果不清楚这一点，道元也好，亲鸾也好，就变得无法理解，"日本式"也不被接受。灵性直觉，若用与人交往的语言来表现，就是一个"信"字。也就是说，当被叫"喂"的时候，用"是"来回应。这里，我们不仅要看到单纯的感性或情性的自觉，而且必须感受到更深层次的东西。感应的世界，虽被说成是随顺，但若在其深处看不到信，就只能流于事物的表面。虽然"天什么都不说"，但"四季移行，万物生长"即信也。"民无信而不立"是政治之本，但这种信，也只有根植于灵性直觉时，才开始变得不可动摇。道元和亲鸾也是站在这种自觉的基础上，要求弟子随顺和告白。因此，道元的蛤蟆蚯蚓观，还继续着如下的说法：

于蚯蚓之上求佛的相好光明，求种种佛之所具之
德，尚未改情见也。

这句话无非是说见蚯蚓为蚯蚓，见蛤蟆为蛤蟆，那些在
蚯蚓之上看到三十二相[1]的人，只是情趣之人。由此，道元
更进一步曰："唯当时所见知佛也。"当见蚯蚓为蚯蚓时，蚯
蚓就被视为佛了。道元进而曰："若如词随，意改情见本执，
则应有自然契机也。""自然契机"是全文之眼，必定是灵性
直觉之义。这种直觉在眼前显露时，就通彻了随顺的真义。
当听到"百尺竿头，放下手足，快步向前一步"的指令时，
回复"是"，之后便迈步，这就首先有了自然契机的可能，
蚯蚓、蛤蟆也就成佛了。这个"是"的回复，若只是随顺，
是做不出来的，而是在反复狐疑踟蹰之后才做出来的。随顺
必须先被否定，如不这样，就不是真正意义上的随顺。在这

---

[1] 佛教用语。指转轮圣王及佛之应化身，所具足之三十二种殊胜容貌与微妙
　　形相，通俗来说就是指佛的身体有种种美妙之处。——译者注

种场合下的随顺，必须说有一种灵性之物，所谓自契，也就是这个意思。自契只有在否定之后才有可能出现。因为随顺总是非随顺，除非变成真正的随顺，否则蚯蚓不会成佛，或者也可以说，蚯蚓不会变成蚯蚓。

亲鸾圣人的情况也是如此。亲鸾说他首先"蒙信（法然上人）"，然后说"唯有信，别无他法"，但实际的心路历程是他先有了信，然后听闻了他所敬仰之人的说教。他说他的灵性直觉是经由法然上人的指示而显现眼前的，但直觉与指示，严格说来是不同之物。法然的指示，即"蒙仰"，是面向他的所有弟子的，但这些弟子并没有悉数表现出他们的直觉，只有亲鸾立即用"是"来回答法然的"喂"。如果不把"喂"和"是"分开，我们就无法进一步说"喂"是"是"，"是"是"喂"。这种矛盾形成了灵性直觉的性格。

可以说，信因为矛盾而存在，没有矛盾的地方就没有信。一位基督教神学家曾经说过，"因为背理，所以我信"，这是真的。亲鸾的随顺是用信来成立的，而信则是用不随顺来建立的。没有什么比"因为背理，所以我信"更棒的了，这就是灵性直觉不能用分别智的尺子来衡量的原因。有"念佛是无义中的义"之说，亲鸾的念佛就从这里出发，"蒙仰善人"才得以首次确立。念佛是下地狱的指南还是上天堂的指南，总的来说，我们是必须知道的。[1]

道元所要求的随顺，在随顺的时机不成熟的地方是无法实现的。时机成熟的含义，就是他的灵性直觉发挥作用的条件已经具备。灵性中有能动之物，当时机来临，一根火柴就能引发像火药爆炸般的巨大破坏作用。只是，在虚妄分别的基础上，即便说百尺竿头更进一步，也是无法前行的。必须远离虚妄分别，无分别智地看待一切事物，才能前行。如果寻看前行的足迹，虽然这是对所教之物的一种随顺，但若体验过自契，便可知随顺即自契。啐啄同时，滴水成冰。随顺从来都不是偶然事件，不是单纯的受动性。感应道交的妙机，只有拥有灵性直觉才有可能。法然与亲鸾的关系也必须被放置于以这种直觉为中心的位置上来看待。直觉无非就是

---

[1] 关于这点，稍后会详细介绍。——作者注

信。有了信的果实，随顺才变得顺理成章。

无论如何，在能所两者分离的世界里，不可能有纯粹的被动性。当谈论佛教通俗化以及神佛习合时，千万不要以为只有一种看法。两者对峙的世界，只有取得回互性[1]才具有可能。一个总是能动的，另一个总是受动的，或者一个是生，另一个是死，这样的事情是没有的。换句话说，随顺是两者的相互作用，这才是生命的真实面貌。

一些基督教、天主教的教团会要求绝对的随顺或服从。长老的命令是绝对的，他是神的代官，所以他说的话就是最高命令，容不得一丝违背。这听起来是多么独断专横，给人的感觉好像就是怎么会有人加入这样的教团并过一辈子的。但事实上，在那里可以看到人们的生活是多么快乐。就算想要一张纸，也是沉默着，不随意使用那里现成的纸张，而总是要征求长老的同意，这似乎是成年人难以容忍的地方。这还不是全部，当被命令"跳下去，沉到海里"时，人们无任

---

[1] 佛教用语。指事物间相互涉入，无所区别。——译者注

何异议，说了声"是"就跳了下去。这正如亚西西的圣方济各[1]所说，这个人完全变成了死人，推左向左倒，推右向右倒，无论站着还是坐着，都要听别人的摆布，这被教导为侍奉神所必需的心态。道元教导的随顺是知性的，但天主教教团的随顺则浸透到了意性。知性是以意性为基础的，但道元或禅宗修行者一般要求有一个一脚踢翻分别智的智慧。因此，自契这个灵性直觉得到了显现，获得了"乾坤只一人"的王者气宇。但基督教没有这样的情况。神是绝对的力，不是绝对的智，也不是绝对的悲。不，神就是悲，就是智，但接受神的人强调的是力的一面，而不是悲与智的一面，所以，只有服从或随顺才是引人注目的。

这里可以看到一种有趣的心理状态。从某种意义上说，这是一种无心或无我的状态，但是天主教教团在其主体性上与佛教有着很大的不同。在基督教中，力的观念强大无

---

[1] 圣方济各，又称圣弗朗西斯科（San Francesco di Assisi，1182 年—1226 年），是天主教方济各会和方济各女修会的创始人。——译者注

比，以至于人只能把自己的意志托付给比自己的意志更强的东西。不是没有自己，而是自己太弱，弱到无法劳作的地步。而佛教的无我是建立在灵性直觉基础之上的自契，因此无论是主动还是被动，都是在自主自由的自然法尔的世界里展开的。基督教是完全的他力，并与自他处于对立状态，然后试图在其之上奠定唯一的他力。在佛教中，虽然自他对立是一种对立，但人能直觉[1]到那里有杜绝对立的东西在驱动，并从这种直觉出发，重新审视对立的世界。换言之，自他对立的世界——千差万别的"个多"——是在这种直觉之上运作的。因此既不存在随顺，也不存在服从；既不存在无力屈从，也不存在绝对力量的压迫。分立一个原因，并不是说一切结果都是从这个原因中导出的。所谓的法界缘起[2]，讲的就是千差万别的"个多"，相入相即，且每每自主地圆融无碍。没有周边的圆限定自己，中心无处不在，只有亲鸾一个人在

---

[1] 这叫灵性的自觉。——作者注
[2] 为华严教义之缘起观。主张相入相即，圆融无碍而重重无尽。——译者注

那里——畅通无阻的大道，坦荡荡地通往长安。其旨趣与基督教的绝对服从或绝对依附有着很大的不同。

但基督教的绝对服从是有其心理基础的。一旦确立了个者，就必须为其行为负责，这是相当麻烦的，必须过集团生活的人也必须有道德。如果个者都不对自己的行为负责任，那么这个集团就无法维持其统合力。此外，人除了像一群蚂蚁或一群蜜蜂一样存在之外，还像老虎和狮子一样，属于孤往独行的存在。一言以蔽之，人一方面在伦理上有道德责任感，另一方面又有不负责任、以自己本位任意行事的自主自恣性。人其实是渴望后者的，然而现实的生活却不允许，且现实生活要求人必须随顺前者的要求。因为这很烦人，所以人的心理形态又可分为两种。一种是尽可能地恣意任性，尽可能地淡化道德责任感；另一种则比较被动，虽然恣意放任的意志很强，但批判和自我反省的能力更强，责任感也很强，为此，自己苦恼之事也很多。第一种多见于世界上所谓的英雄豪杰，而第二种属圣者型。那些因自我反省而自己受苦的人，为了从这种苦恼中逃逸，会将自己的意志力降至最低。他们追求比自己更为强大之物，并把一切都投向强大之物，然后他将自己的行为责任都归属这个东西本身。如果自己的行为不是出自自己的意志，而是由于他力作用的话，那么，无论发生了什么，都不会是自己的责任。无论是死是活，无论是杀人还是杀自己，善与恶都是他力。这种想法是多么的爽快，心情也会真正地快乐起来。这就是天主教教徒的心理。这种心理虽属军队式的，但中心的推动力可以说是比较消极的。总之，这些都属于力学的谱系。

综上所述，在思考随顺这个问题的时候，必须留意两种方式：一种是从伦理，即从情性的角度看；另一种是从灵性的角度看。如果我们不在道元等所说的随顺问题中加入灵性方面的内容，就有陷入天主教教团型思考的危险。事实上，我想说的是，后者也有灵性之物，但它看待灵性的方式与日本式灵性不同。[1]

---

[1] 本稿根据铃木大拙《日本式灵性》岩波书店 1972 年第 1 版、2015 年第 53 版译出。——作者注